JN086358

日本比較政治学会年報第24号

クライエンテリズムをめぐる比較政治学

日本比較政治学会 編

ミネルヴァ書房

は じ め に

　クライエンテリズム（クライアンテリズム）とは，政党や政治家（＝パ
トロン）と国民・有権者（＝クライアント）とのあいだで，政治的支持と
引き換えになされる利益分配のパターンや，それにもとづく政治を指す。
クライエンテリズムを前近代的な現象として捉える従来の議論は，経済発
展や民主主義体制への移行が，貧困層の減少や選挙制度改革，法の支配の
強化などを通して，クライエンテリズムを弱めることを含意していた。し
かし民主化の第3の波以降も，世界の多くの国でクライエンテリズムは広
く確認されている。クライエンテリズムが洋の東西を問わず，さまざまな
政治，経済，文化的環境に適応する強靭さをみせるなか，概念の混乱や定
義に関するコンセンサスの欠如もしばしば指摘されてきた（Stokes
2007；Hicken 2011）。

　他方で，クライエンテリズムが経済発展や民主主義に与える負の影響に
ついての関心も強く存在する。そこには，普遍主義的でプログラマティッ
クな分配のあり方を，より「民主的」で望ましいとする規範意識も垣間見
える。たしかにクライエンテリズムは，一般に豊かな先進国よりも貧しい
途上国で強くみられる現象だが，経済発展および民主主義との関係や影響
のメカニズムには依然明らかにすべき点も多い。クライエンテリズムがも
たらす帰結について，実証研究の知見がいっそう求められている。

　近年の比較政治学で，クライエンテリズムに関する研究が盛んに提出さ
れるなか，重要と思われる論点を3点ほどあげたい。第一に，実証研究の
前提となる概念の理論的考察や操作化をめぐって，クライエンテリズムの
多様性に関する議論が注目される。従来の議論では，クライエンテリズム
は前近代的な政治・社会関係の一形態として捉えられ，パトロンとクライ
アントの間には上下関係が想定されて，パトロンに依存するクライアント
にとって関係解消を選択する余地はないとされていた。これに対し近年の

議論では，パトロンとクライアントの関係はよりフラットなものとして想定され，利益の交換のみに基づく関係が強調される。そこではクライエンテリズムの履行にとって，パトロンとクライアントそれぞれが約束を反故にすることのないよう，裏切りを防ぐメカニズムが重要となる。

　クライエンテリズムの履行メカニズムに着目して，近年類型論が発展している。「関係性型クライエンテリズム」や「単発型（選挙）クライエンテリズム」などの下位類型に代表されるような類型論に依拠しつつ，異なる類型の分布や生起要因，その帰結などに関して，より精緻な実証研究が展開されている（Yıldırım and Kitschelt 2020；Nichter 2018；Berenschot and Aspinall 2020）。

　第二の論点は，監視と履行が事実上不可能な個人レベルのクライエンテリズムが，それでもなお政治家の選挙戦略として採用される理由やメカニズムの探求である（Hicken and Nathan 2020）。履行メカニズムの弱い単発型クライエンテリズムが民主主義体制下でも消滅しない理由をどのように考えるのか。パトロンとクライアントの間に想定されるコミットメント問題の解決が困難であるとしても，クライエンテリズムが相対的に効果的な選挙戦略であり続ける限り，権威主義体制はもとより民主主義体制とクライエンテリズムとの共存も続くだろう。単発型クライエンテリズムの効果や人々の認識・行動の論理について，事例の蓄積や体系的な検証が必要である。

　第三の論点としてあげたいのは，権威主義体制の維持のメカニズムに関連して，リーダーとエリートとの関係を含む重層的クライエンテリズムにも焦点を当て続けることの重要性である。上述のように，近年のクライエンテリズム研究では政治家と有権者とのフラットな交換関係が強調されるが，権威主義体制を理解するうえで，パトロンとクライアントの非対称的な関係性に基づく重層的クライエンテリズムには依然として分析的意義があるだろう。そこでは，リーダー，エリート，一般国民（有権者）の3者の関係が重要であり，クライエンテリズムはリーダーとエリートとの間と，

エリートと一般国民との間とにみられる2層構造として現れる。権威主義体制下のクライエンテリズムは腐敗と密接であり（Frantz 2018），また資源配分の水平的不平等は，アフリカなどにおける武力紛争の要因としても指摘されてきた（Langer and Stewart 2015）。他方で，リーダーによるエリートの取り込み（co-optation）や，一般国民に対する便益と支持の交換の実態，およびそれらの帰結は多様であり，いっそうの理論・実証的蓄積が望まれる。

　本号は，2021年の研究大会共通論題報告をもとにした3本の論文と，会員から公募で寄せられた4本の論文とにより，3部構成をとる。第1部では，多国間統計分析を通じたクライエンテリズムの類型論と，政治体制変動との連関にかんする実証分析が行われる。第2部では，日本，インドネシア，リヒテンシュタインという，新興国を含めた民主主義体制下のクライエンテリズムが検討される。第3部では，コートジボワール，ヨルダン，ロシアという権威主義体制下のクライエンテリズムが扱われる。クライエンテリズム研究は，地域研究的なフィールド重視の記述の手法や，数理モデル，実験，計量分析による検証といった，様々な方法が同じ現象について試みられてきた代表的な分野である。上述の論点を踏まえ，多様な視角・方法からクライエンテリズムを通して現代世界をいま一度捉えなおす試みを通じて，この現象についての総合的理解を深めることを目指したい。

　以下，各章の内容を簡潔に紹介する。第1部の東島・鷲田論文は，169カ国1,955の政党（1970～2019年）に関する新たなデータセットを用いた多国間統計分析によって，先行研究で指摘されてきた類型論の妥当性を実証的に再検討し，そこから浮かび上がる異なるタイプのクライエンテリズムが民主化に対して有する効果を検証する。分析の結果，「関係性型」と「単発型」による類型論の妥当性が示されるとともに，与党と野党とではクライエンテリズムが民主化に与える影響が異なることが明らかになる。具体的には，与党のクライエンテリズムが民主化を阻害するのに対し，野

党のクライエンテリズムには与党の優位を切り崩して民主化を促す効果が
あり，「関係性型」でその傾向が強いことが確認される。本章は多国間の
体系的比較から独自の実証的知見を提示すると同時に，第2部以降の各国
事例研究の重要な導入部ともなっている。

　第2部では民主主義体制下で強靭性をみせるクライエンテリズムが検討
される。建林論文は，政党政治の分析モデルとしての新クライエンテリズ
ム論をもとに，戦後日本のクライエンテリズムの実態とその変容について
検証する。エリートレベルおよび有権者レベルの個人投票／政党投票をめ
ぐる検討の結果，個人本位の利益誘導政治（ただし，「条件付き」は弱い）
は減衰しながらも依然継続し，有権者のなかにも投票に際して利益分配を
評価する人もいるものの，有権者の大部分はそうではなく，政党本位の投
票が増えていることが示される。ただしこうした変化をプログラマティッ
ク・リンケージへの移行と捉えることは妥当ではなく，日本の状況は新ク
ライエンテリズム論の限界を示唆するとされる。本論文の最終節では，こ
うした限界を乗り越えるために，対概念とされるクライエンテリズムとプ
ログラマティック・リンケージの非対称性を明確にすることや，プログラ
マティック・リンケージおよび残余型概念を精緻化することなどが提唱さ
れている。

　増原論文は，スハルト権威主義体制崩壊後のインドネシアに着目し，買
票による単発型クライエンテリズムおよび汚職をめぐる有権者の態度・認
識を，独自の世論調査とインタビュー調査を用いて分析する。分析の結果，
収入や学歴と恩恵の受け取りとのあいだに相関がみられないことや，有権
者の汚職に対する批判的な態度を確認しつつ，買票と汚職が必ずしも結び
ついて認識されていないこと，そして単発的恩恵と投票行動が意識的に切
り離される一方，有権者に寄り添った長期的な関係性のなかでの財の提供
が政治家への信頼につながっている可能性が示される。インドネシアを超
えて，広く新興民主主義国のクライエンテリズムの実態および人々の認識
を探るうえでも示唆が大きい。

　今野論文は，直接民主制と間接民主制を併用する君主国であるリヒテンシュタインについて，クライエンテリズムの観点から君主制と民主制の共存要因を検討する。著者はクライエンテリズムを地域で形成された人脈による統治という広い意味の概念として捉え，歴史学的アプローチから，国民の保守性，対外的脅威，現侯の政治的意向が同国独自の政治制度を形成・維持してきたことを明らかにする。

　第3部では，権威主義体制下のクライエンテリズムについて考察される。クライエンテリズムは権威主義体制の維持にどのように寄与してきたのだろうか。佐藤論文は，一党制期コートジボワールに焦点を当て，権威主義体制下の経済発展と政治的安定にクライエンテリズムが果たした役割を，リーダー，エリート，大衆（国民・住民）の3者関係を軸に考察する。旧来のクライエンテリズム論に依拠することで，リーダーとエリートとの間のクライエンテリズムの実態を確認しつつ，コートジボワールの場合はそれが一定程度の政策実務能力を持つ官僚制の整備につながったことが示される。他方，リーダー・エリートと大衆との間にクライエンテリズムは見出せず，むしろ権威主義的な抑圧と動員のもとで大衆が再分配や治安維持などの一定の利益を享受する状況が確認される。コートジボワールの事例は，エリートレベルのクライエンテリズムが能力の高い官僚制整備を通して経済成長を持続させる政策の実施に寄与しうること，またその結果として，権威主義的抑圧だけでなく経済成長やガバナンス能力に対する大衆的な支持が，（大衆レベルのクライエンテリズムを介さずに）政治的安定をもたらしうることを示している。

　渡邊論文は，2010年代のアラブ政変後のヨルダンに着目し，権威主義の君主制が維持されるなか，「競争的クライエンテリズム」が政変による影響を受けながらも存続する実態を明らかにする。ヨルダンの競争的クライエンテリズムは，ハーシム家を頂点とする部族中心の政治社会構造のなかで，統治者と議会との関係，民選議員と有権者との関係という2つのレベルのクライエンテリズムにより成り立ってきた。その中心には，典型的に

は下院議員を務める部族エリートによる「ワスタ」としての仲介機能がみられる。2010年代の選挙改革後も個人投票誘引の高さが保持されたことが，同国の競争的クライエンテリズムの存続を支える基盤となったことが示される。

溝口論文は，ロシアの選挙権威主義体制の下で，大統領と地方知事というエリートとの間のクライエンテリズムが，体制の安定性に強く寄与してきたことを論じる。2012年の知事公選制再導入以降，大統領は知事の解任と知事代行の任命という2つの手段を用いて，知事の人選をコントロールしてきた。このメカニズムがエリート間の権力のローテーションを可能にすると同時に，ときに熾烈なエリート間対立を調停する機能を有し，結果として政治の安定とプーチン体制の盤石化に寄与してきたことが論じられる。

以上の論文は，クライエンテリズムという視角が，各国の政治の動態を捉えるうえで依然として有用であることを示している。加えて，政党，選挙，民主化，権威主義体制の維持といった比較政治学の重要なテーマを，クライエンテリズムという観点から捉え直すことの重要性も浮かび上がる。クライエンテリズム研究は今後さまざまな方向への発展が期待される分野であり，本号がその豊かさを示す一助となることを願っている。

本号の特集にあたっては，編集委員として上條諒貴（北九州市立大学），加茂具樹（慶應義塾大学），千田航（釧路公立大学），粒良麻知子（アジア経済研究所），平松彩子（東京大学）の各会員にさまざまな業務を担っていただいた（50音順，敬称略）。委員の皆さまには，コロナ禍のなかオンラインで行われた2021年度の研究大会では企画委員として，また稗田健志会員（大阪公立大学）に大会企画副委員長として参画いただき，大会の企画から進行までご尽力いただいた。企画・年報編集プロセスを通していつも最大限のご協力をいただき，本当に感謝しかない。今号の公募には6本の投稿があり，査読を経て最終的に4本の論文が掲載された。論文を投稿

してくださったすべての会員に感謝の気持ちをお伝えしたい。また，昨年度より本格的に導入された公募論文の外部査読制では，匿名査読者として多くの会員にご協力をいただいた。査読制度が建設的な学究の場として機能し，ポジティブな効果を持ち得たのは，論文と真摯に向き合ってくださった査読者のおかげである。本号の土台となった2021年度研究大会の共通論題では，建林正彦会員（京都大学），佐藤章会員（アジア経済研究所），東島雅昌会員（東北大学），鷲田任邦会員（東洋大学）に登壇いただき，討論者の中田瑞穂会員（明治学院大学）と稗田会員には刺激的で建設的なコメントを頂戴して，議論を深めることができた。皆さまに心より感謝の意をお伝えしたい。さらに，大会企画から年報刊行までを支えてくださった本学会の岩崎正洋前会長，粕谷祐子前副会長，前理事会・事務局の皆さま，ならびに2021年度研究大会開催校である慶應義塾大学の小嶋華津子会員と，大会運営に携わっていただいた皆さまに，心よりお礼申し上げる。

　2022年7月

日本比較政治学会年報第24号編集委員長

馬場香織［北海道大学］

参考文献

Berenschot, Ward, and Edward Aspinall (2020) "How Clientelism Varies: Comparing Patronage Democracies," *Democratization* 27(1): 1-19.

Frantz, Erica (2018) *Authoritarianism: What Everyone Needs to Know*. Oxford: Oxford University Press. (邦訳：エリカ・フランツ『権威主義——独裁政治の歴史と変貌——』上谷直克・今井宏平・中井遼訳　白水社　2020年)

Hicken, Allen (2011) "Clientelism," *Annual Review of Political Science* 14(1): 289-310.

Hicken, Allen, and Noah L. Nathan (2020) "Clientelism's Red Herrings: Dead Ends and New Directions in the Study of Nonprogrammatic Politics," *Annual Review of Political Science* 23(1): 277-294.

Langer, Arnim and Frances Stewart (2015) "Regional Imbalances, Horizontal

Inequalities, and Violent Conflicts: Insights from Four West African Countries." World Bank, Fragility, Conflict, and Violence Group.

Nichter, Simeon (2018) *Votes for Survival: Relational Clientelism in Latin America*, New York, NY: Cambridge University Press.

Stokes, Susan (2007) "Political Clientelism," Carles Boix and Susan Stokes (eds.) *The Oxford Handbook of Comparative Politics*, New York: Oxford University Press, pp.604-627.

Stokes, Susan, Thad Dunning, Marcelo Nazareno, and Valeria Brusco (2013) *Brokers, Voters, and Clientelism: The Puzzle of Distributive Politics*, New York: Cambridge University Press.

Yıldırım, Kerem and Herbert Kitschelt (2020) "Analytical Perspectives on Varieties of Clientelism," *Democratization* 27(1): 20-43.

目 次

第1部

クライエンテリズムの多様性とその帰結

CHAPTER

1

クライアンテリズムと民主化
──政党レベルデータによる多国間統計分析──

東島雅昌 ［東北大学］・鷲田任邦 ［東洋大学］

1 政党の動員戦略としてのクライアンテリズム

　比較政治学において，クライアンテリズム（恩顧庇護主義）研究は最も発展著しい研究分野の一つである。一方において，様々な国や地域の市民を対象にした世論調査研究や（サーベイあるいはフィールド）実験研究が積み重ねられ，ブローカーとクライアントのあいだのミクロな恩顧庇護主義的つながりの特徴とその原因が明らかになりつつある。他方，主に事例研究や多国間データの統計分析をつうじて，比較政治学者たちはクライアンテリズムの多様性にまつわる国ごとのパターンを抽出したり，クライアンテリズムが政治や経済にもたらす様々な影響を分析している。多様な政治経済現象に豊富な含意をもち，その姿を捉えるにあたって複数の分析手法をつうじた分析が有効なクライアンテリズム研究は，比較政治学に肥沃なフロンティアを提供している。

　本稿では，近年急速に蓄積される豊富な先行研究の知見の基盤の上に立ちつつ，クライアンテリズムをしばしば政治的支持動員の装置として利用する政党に分析レベルを設定することによって，クライアンテリズムの比較政治学的研究を再構成し，新たな知見を提供することを目指す。ブローカーと有権者の交換関係に着目したミクロな観点からの研究は，恩顧庇護主義的交換のあり方が政党間競争や政治体制変動といったマクロな事象にいかなる含意をもちうるのか明らかにすることができない。他方，国を分

析単位とするマクロな観点からの比較研究は，国レベルのデータを用いてきたがゆえに，国内に存在する多様な政党や政党システムの特徴が政党ごとのクライアンテリズムの強度にどのような影響を与えるのか，厳密な分析を行うことが困難であった。本報告では，これらミクロとマクロの観点からの先行研究の間隙を埋めるべく，与野党の動員戦略という「メゾ・レベル」からクライアンテリズムを分析することを目指す。

　本稿は，2つの目的をもつ。第一の目的は，政党の視点からクライアンテリズムの質的な違いをとらえ，操作化することである。クライアンテリズム的動員は，一方において政党の支持動員戦略の一種として，ポークバレルや政策プログラム・ベースの支持獲得戦略と比較されながらその特徴が論じられてきた。他方，近年の研究は，クライアンテリズムの作動するメカニズムの違いに光を当て，政治家と有権者のクライアンテリズム的リンケージにどのような多様性が存在するかについての整理を進めている。以上の点を念頭に置きながら，169カ国の1,955の政党（1970〜2019年）に関する新たなデータセットである「政党のアイデンティティと組織の多様性」（Varieties of Party Identity and Organization, V-Party version 1：Lührmann et al. 2020）を用いて，国際比較の観点から政党レベルでのクライアンテリズムを実証的に把握する作業に取り組む[1]。具体的には，主成分分析をつうじて，クライアンテリズムは，最近の先行研究の類型論で提示されているような，①政党・ブローカー・有権者間の長期的で履行性の高い「関係性型」と，②短期的で履行性の低い「単発型」に峻別できることを確認したうえで，それぞれ2つの指標として操作化する。

　第二に，本稿ではクライアンテリズムがもたらす帰結について，政治体制変動に焦点を当てて分析を行う。その際，特に与野党のクライアンテリズムによる動員が民主主義への移行に及ぼす影響に着目する。与党がクライアンテリズムをつうじて大規模動員をかけることができる場合，選挙による政権交代は困難となり，結果的に民主化を阻害すると考えられる。一方，野党がクライアンテリズムを構築することができた場合，動員力を強

化・誇示することにより，選挙をつうじた民主化の可能性を増加させると考えられる。これまで，主に与党にのみ着目してクライアンテリズムが論じられてきたのに対し，本稿は与野党の動員に着目した理論枠組みと実証分析を提示することで，新たな比較研究の地平を拓くことを試みる。

2　クライアンテリズムの比較政治学

（1）　クライアンテリズムの定義と類型

　クライアンテリズムは古くから比較政治学の分析対象として論じられてきたが（例えば，Scott 1972；Shefter 1977），2000年代初頭ごろから再び盛んに比較政治研究の俎上にあげられるようになった（Kitschelt 2000；Piattoni 2001；Stokes 2005；Scheiner 2005；Kitschelt and Wilkinson 2007）。クライアンテリズムの概念は，ポークバレル，パトロネジ，票の買収などとしばしば混合して用いられ，長らくその概念的輪郭が曖昧なまま研究者によって多用されてきた。クライアンテリズムの概念整理をおこなったHicken（2011）によれば，クライアンテリズムとは「政治・経済・社会的地位の点で優位な者（親分＝パトロン）が，下位の者（子分＝クライアント）に対して様々な便宜を与えるのと引き換えに，クライアントの政治的支持（多くの場合，投票）をその見返りとして求める恒常的関係」を指す。このHicken（2011）のクライアンテリズムの定義には，パトロンとクライアントの間に上下関係が存在すること（hierarchy），パトロンとクライアントの2者関係であること（dyadic relationship），票と便宜の交換という条件が付随すること（contingency），パトロンとクライアントの間にはそうした交換関係が長期間持続すること（iteration）の4つの特徴が含まれている。このようなパトロン・クライアント関係を前提とした上で，両者をつなぐエージェントとしての「ブローカー」の役割の重要性についても同時に光が当てられるようになった（Stokes et al. 2013）。

　このように定義されるクライアンテリズムは，政治家が行う他の経済分

配戦略と比較したとき，その概念的輪郭が明らかになる（Stokes et al. 2013）。第一に，上記の定義から明らかなようにクライアンテリズムによる財の分配は，福利厚生上のニーズなどを反映した公式ルール（定められた法律や政策綱領など）にしたがって分配が実施されることが事前周知されず，たとえルールが周知されたとしても非公式な次元でそれが遵守されない点で，プログラム・ベース（programmatic）の公共政策による経済分配とは異なる。第二に，分配は党派的で票との交換を前提におこなわれる。公式ルールの公開と遵守に則っていない，非プログラム・ベース（non-programmatic）であるために，経済分配が主に政治的支持の獲得を企図することとなり，この意味でポークバレル政治と軌を一にする。しかし，クライアンテリズムはこの党派性に加えて，利益分配と引き換えにクライアントがパトロンに政治的支持を与えるよう強制されたり促されたりする契機が存在する。この点で，便宜と票交換の履行を前提としないポークバレル政治と一線を画することになる。こうしたクライアンテリズムの仕組みをもとに，石鹸やTシャツ，お酒などの嗜好品といった些細な贈り物から，給与の上昇や公共セクター・民間企業での雇用保障まで様々な財をつうじた票の買収（vote-buying, Stokes 2005）や投票参加（あるいは棄権）の買収（turnout/abstention-buying, Nichter 2008；Szwarcberg 2015），あるいはその両方が展開されることになる（Gans-Morse et al. 2014）。

　このクライアンテリズムの定義は，他の経済分配戦略と比較する際に分析上の有効性をもつ。他方，最近の恩顧庇護主義に関する研究は，理論上定義されるクライアンテリズムによる分配が，純粋なかたちではしばしば観察されないことに注意を促し，クライアンテリズムに多様性がある事実に着目しはじめている（Kramon 2017；Mares and Young 2019；Hicken and Nathan 2020）。第一に，クライアンテリズムは，政治家（パトロン）が便宜を図ったあとに恩恵を受けた有権者（クライアント）がその政治家を裏切り投票しないというコミットメント問題を解決するために，パトロ

ンがクライアントを監視（monitor）するメカニズムを想定する。しかし，秘密選挙が未だ導入されていない時代や（Mares 2015；Kuo and Teorell 2017），複数の権威主義体制の選挙の事例（Corstange 2016；Frye et al. 2019）では監視メカニズムが示唆されるものの，票の買収などクライアンテリズム的分配の多くの事例において監視メカニズムは脆弱である（Hicken and Nathan 2020）。

　第二に，監視に加えてパトロンとクライアントの間のコミットメント問題を解決するもう一つの要素は，両者の関係が恒常的・長期的であると期待できることである。長期的関係が見込まれる場合，政治家は票を受け取ったあとに有権者に便益を与えないと次の選挙で罰せられてしまうし，有権者は政治家との約束を破ったら罰せられやすいため便益を受け取ったあとに政治家を裏切ることは難しくなる。ゆえに，両者のコミットメントが信憑性をもち，クライアンテリズムの関係に応じた分配と票の交換の履行（enforce）を容易にする（Stokes 2005；Larreguy et al. 2016；Nichter 2008；Oliveros 2021）。

　しかし実際には，以上の2つの要素（監視と履行）に関してクライアンテリズム的分配には濃淡がある。この濃淡を基準にすれば，両方の要素をかなりの程度有しているタイプのクライアンテリズムと，両方の要素を欠いているクライアンテリズムとに分けることができる[2]。政党組織や中央政府・州政府の国家組織，あるいは公共セクターや民間企業での雇用などを元にした長期的関係を基盤として，パトロンとクライアントの間の監視メカニズムと履行メカニズムの両方を備えたタイプのクライアンテリズムを「関係性型クライアンテリズム」（relational clientelism）と概念化できる（Nichter 2018）。こうした「関係性型」クライアンテリズムでは，パトロンとクライアントの間に利益と票の動員を媒介するブローカーが介在し，階層的な組織をつうじてブローカーがクライアントと密接な関係を築くことで，監視と履行の問題を効果的に解決する（Yıldırım and Kitschelt 2020）。他方の極には，パトロン・ブローカー・クライアントの間をつな

ぐ組織的基盤が弱いために監視と履行のメカニズムが十分機能せず，ゆえに便宜と票の交換に長期的関係が見込めない「単発型クライアンテリズム」（single-shot clientelism）を想定することができる（Yıldırım and Kitschelt 2020）。このタイプのクライアンテリズムでは，便益を供与したとしても投票の履行を保障することはより難しくなる。[3]

（2）　クライアンテリズムと政治体制変動

　これらのクライアンテリズムの定義と分類を前提としながら，クライアンテリズムがいかなる要因によって生まれ，そしていかなる政治経済的帰結を生み出すかを論じた研究が近年急速な勢いで蓄積されている。本稿ではその中でも比較政治研究にとって最も盛んに研究されてきたトピックの一つである民主主義への移行（民主化）に焦点を当て，与野党のクライアンテリズムの強さが政治体制変動に与える影響について検討する。[4]

　そもそもクライアンテリズムの帰結に関する研究は，大きく観察データの世論調査やサーベイ実験などを用いた有権者レベルに対する帰結を探る研究群と，一国・複数国の事例研究あるいは多国間統計分析に基づく国家レベルの帰結を探る研究群とに分けることができる。ミクロな経験的証拠に基づく有権者レベルの分析では，[5]クライアンテリズムに組み込まれている有権者は，政党による選挙公約と自分の政策選好の距離に基づいて投票しにくくなること（Cruz et al. 2018）や，クライアンテリズムに基づく経済分配がパトロンへの政治的支持や投票率を高める傾向にあること（Wantchekon 2003；Kramon 2016；Gallego 2018；Cantú 2019；DeLaO 2013）などを実証している。[6]

　他方，クライアンテリズムのマクロレベルの帰結を分析する研究も少なからずある。[7]こうしたクライアンテリズムのマクロな帰結を探る研究群の一つとして民主化や権威主義体制の崩壊といった政治体制変動への影響を挙げることができる。Levitsky and Way（2012）は，暴力的紛争をつうじて与党エリート間のまとまりが形成されていない場合，クライアンテリ

ズムに基づく利益媒介は与党組織を弱体化させ権威主義体制を脆弱なものとすることを，ケニア，モザンビーク，ザンビア，ジンバブエの比較事例研究をつうじて示している。

　他方，クライアンテリズムに基づく利益分配が与党の選挙での支配と権威主義体制の強化に貢献したり，与党としての経験の長さがクライアンテリズム的動員を強化する傾向にあることをトルコの公正発展党，メキシコの制度的革命党，中東諸国，あるいはサブサハラ・アフリカ諸国の事例から示唆する研究もある（Lust 2009；Seffer 2015；Arslantaş and Arslantaş 2020；Yıldırım 2020）。同様にAytaç et al.（2016）は，クライアンテリズム的リンケージの強さに応じて，天然資源がもつ民主化阻害の効果，いわゆる「資源の呪い」が深刻化する傾向にあることを，多国間統計分析をつうじて示している。そして，民主化の阻害や権威主義体制の強化だけでなく，クライアンテリズムをつうじた「取り込み」（co-optation）と分配は，いわゆる「民主主義の後退」や民主主義の崩壊をももたらしうることが，ベラルーシ，トルコ，バングラディシュなどの事例研究をつうじて示唆されている（Sarker and Nawaz 2019；Esen and Gumuscu 2021；Trantidis 2022）。

　以上のように，過去20年ほどの間にクライアンテリズムの比較政治研究は急速な勢いで蓄積されているが，本稿の目的に照らすとクライアンテリズム研究には少なくとも2つの課題が残されている。第一に，Yıldırım and Kitschelt（2020）を出発点として，国際比較可能な多国間データを用いてクライアンテリズムの原因を分析する研究は始まったばかりであり，さらなる検討の余地が残されている。彼らが利用しているプロジェクト（Democratic Accountability and Linkages Project）が行っている専門家調査に基づくデータは，2008/2009年時点のクロスセクション・データ（66カ国362の政党，彼らの分析から除外された先進国を含めると88カ国506政党）であり，一時点のデータを利用した回帰分析は，パネルデータ分析と比較して，国ごとの相違から生まれる「欠落変数バイアス」に対処

することが困難である。[8] 本稿では，より体系的な専門家調査をもとに新た
に構築されたV-Partyデータを用いて，1970〜2019年の時系列と169カ国
1,955の政党をカバーするパネルデータとして，クライアンテリズムの多
様性を指標化するとともに，国や年の固有効果を考慮に入れた上で，クラ
イアンテリズムの帰結を包括的に検討する。

　第二に，こうしたパネルデータ分析が可能なデータセットが今まで存在
しなかったために，クライアンテリズムの帰結に関する分析はその大半が
（比較）事例研究であったり，一国内の量的データを用いた統計分析で
あった。本稿では，クライアンテリズムがもたらしうる一つの重要な政治
的帰結として，比較政治学の重要な関心事項である民主化を取り上げ，ク
ライアンテリズムが民主化に及ぼす影響を体系的に分析する。

3　クライアンテリズムの多様性
——政党レベルのデータによる2類型の指標化——

　本節では，先行研究の理論的知見をもとに，2つのクライアンテリズム
を区分・操作化する。具体的には，先行研究が指摘する，先述の2つのク
ライアンテリズム，すなわち，「関係性型」と「単発型」という区分を足
掛かりに，これら2つのクライアンテリズムの特質にかかわる変数群を用
いた主成分分析を用いて識別し，これらのクライアンテリズム概念を操作
化する。関連するV-Partyの変数群を検討するため，理論的知見をもとに
両者の特徴を改めて整理しておきたい。

　「関係性型クライアンテリズム」では，政党は，国家資源・政党組織を
活用し，懲罰を伴う長期的関係のなかに有権者やブローカー（中央・地方
レベルの官僚や常勤の政党スタッフ，国営・寡占企業の経営者等）を囲い
込んで票を固める。こうしたクライアンテリズムは，主に，旧ソ連・東欧
地域（ロシアやカザフスタン等）（Remington 2008；Mares and Young
2019；Higashijima 2022等），ラテンアメリカ（メキシコやパラグアイ等）

（Greene 2007；Magaloni 2006等）やアジア（マレーシアや台湾等）
（Washida 2019；Weiss 2020a等）などの覇権政党体制の事例で顕著である。こうした事例では，政党組織と官僚機構さらには国営企業などの公共部門が一体化し，為政者がブローカーを階層的なエージェントとして組織化するとともに，国家予算，公的雇用，公共事業，許認可における優遇措置などの公的資源を選択的に分配することで，有権者の支持を動員する。「関係性型」におけるブローカーは，キャリアや暮らしを党に依存しており，有権者の動員に際しては，資源と票の交換を効果的・効率的に履行するための様々な装置が活用される（例えば，有権者の党派性の日常的な監視，投票日の支持者の組織的送迎，予算や行政サービスの分配チャンネルのコントロール，秘密投票の侵害や集計レベルの細分化による投票監視など）。このような組織インフラを活用しながら選挙で何度も圧倒的に勝利することで，繰り返しゲームによる離反抑止圧力を生み，有権者やブローカーのフリーライドを抑制する。

　一方，「単発型クライアンテリズム」では，主に候補者個人自身で調達した資金を元手に，選挙期間中に（多くの場合アドホックな形で）動員されるインフォーマルなブローカーのネットワーク（候補者個人の支持者・血縁関係者・仕事仲間，金で雇ったコミュニティ住人，暴力団等）を活用しつつ，有権者に現金，消費財，飲食などがふるまわれる（もしくはネガティヴな便益として脅しがかけられる）。しかし，こうした分配は必ずしも有権者のフリーライドを阻止する仕組みを伴っていないため，有権者に互恵関係の規範（やそれを破った際の報復）を想起させたり，候補者の当選後の分配能力を印象付ける程度の効果しか期待できず，場合によっては他の候補者が分配しているため見劣りしないように追随するといった消極的な理由で維持される傾向がある。こうした「単発型」は，フィリピンや民政期のタイなどの東南アジア（Aspinall and Berenschot 2019等），ペルー，グアテマラ，コロンビア，ブラジルのような政党の弱いラテンアメリカ諸国（Muñoz 2018等），ベナン，ガーナ，ケニアなどのアフリカ諸国

（Kramon 2017等）などの事例に顕著に観察される。

　このように，2つの異なるクライアンテリズムはその性質を大きく異にしているため，両者を峻別することはクライアンテリズムに対する理解を深める上で不可欠である。とはいえ，その試みは始まったばかりの段階にあり，様々な課題が残されている[9]。そこで本稿では，先行研究の知見をもとに，V-Partyの以下の6つの変数を用いた主成分分析を用い，2つのクライアンテリズムの識別・指標化を行い，概念の妥当性を検討したい。具体的にはまず，V-Partyの①政党の立ち位置（アイデンティティ）についての項目群のなかから，クライアンテリズムへの態度に関する項目を用いる[10]。加えて，②政党の動員戦略においてクライアンテリズムがどれほど重要性を占めているかという重要性・顕著さについての評価の項目も用いる。さらに，「関係性型」が政党組織をつうじた有権者の監視や取り込みに依存する一方，「単発型」はそうした組織的・人材的基盤が欠如する傾向にあるため，③選挙期間以外も常駐する政党事務所が地方末端のコミュニティレベルに存在しているか，そして④地方のコミュニティレベルで政党活動家や常勤の政党スタッフがどれほど配備されているか，という2つの項目を用いる。

　また，「関係性型」では，主に国家資源が活用されるのに対し，「単発型」では主に候補者個人が調達する資金が活用されることをふまえ，政党の資金源についての項目群から，⑤現職としての立場を活用した国家資源のインフォーマルな使用についての指標（政党助成金のようなフォーマルなものは含まれない）と，⑥候補者個人による資金調達という2つの項目を用いる。⑤は，必ずしも国政レベルでの与党としての立場に限って評価されているわけではないことは，野党の中にもこうした資源を積極的に活用する政党がデータ内で散見されることからもわかる。例えば，連邦制における州政府をコントロールすることで州政府の財源が活用できるようになる点などを含めた評価がなされているといえる。

　以上の6つの項目を用いた主成分分析の結果，理論的想定に即し，国家

表1 2つのクライアンテリズム指標の上位事例

	関係性型クライアンテリズムの政党リスト			単発型クライアンテリズムの政党リスト		
順位	スコア	政党	国（等）	スコア	政党（等）	国
1	2.96	PDGE	Equatorial Guinea	3.82	（Tribal groups）	Kuwait
2	2.86	YAP	Azerbaijan	3.35	NDP	Thailand
3	2.82	PPRD	Congo, Dem. Rep.	3.32	PPRD	Philippines
4	2.78	RPT	Togo	2.86	PNP	Philippines
5	2.71	HHK	Armenia	2.55	PKS	Thailand
6	2.69	MPS	Chad	2.54	LSI	Albania
7	2.64	PCT	Congo, Rep.	2.41	LDP	Philippines
8	2.59	ANR-PC	Paraguay	2.40	PCT	Thailand
9	2.57	KPK	Cambodia	2.32	KMB	Philippines
10	2.55	ZANU-PF	Zimbabwe	2.30	KBL	Philippines
11	2.51	DPS	Montenegro	2.29	（Sunni religious）	Kuwait
12	2.49	PRI	Mexico	2.29	（Pro-government）	Kuwait
13	2.48	CDP	Burkina Faso	2.23	GANA	Guatemala
14	2.45	RCD	Tunisia	2.19	NAP	Thailand
15	2.40	MPR	Congo, Dem. Rep.	2.17	PRS	Albania
16	2.34	UMP	Djibouti	2.16	PP	Guatemala
17	2.34	UMNO	Malaysia	2.12	PP	Thailand
18	2.24	RDPC	Cameroon	2.10	TCP	Thailand
19	2.23	Golkar	Indonesia	2.04	UDNS	Benin
20	2.23	NDP	Egypt	1.99	PID	Guatemala
21	2.20	PR	Ukraine	1.95	CDP	Burkina Faso
22	2.15	PSD	Romania	1.94	UNE	Guatemala
23	2.12	KMT	（Taiwan）	1.93	RPSD	Madagascar
24	2.11	NO	Kazakhstan	1.93	PT	Mauritius
25	2.05	CCN	Zazimbar	1.91	PR	Guatemala
26	2.04	FCBE	Benin	1.89	Lakas-CMD	Philippines
27	2.00	SDP	Montenegro	1.82	PAN	Guatemala
28	1.98	CNDD-FDD	Burundi	1.78	MADEP	Benin
29	1.96	PRDR	Mauritania	1.77	FRG	Guatemala
30	1.96	DPP	Malawi	1.76	MSM	Mauritius
31	1.95	PDP	Nigeria	1.74	MPS	Chad
32	1.92	NUP	Haiti	1.71	ADF	Burkina Faso
33	1.92	PZPR	Poland	1.71	PCT	Congo, Rep.
34	1.87	DC	Italy	1.63	PMSD	Mauritius
35	1.86	BSP	Bulgaria	1.63	UCN	Guatemala
36	1.82	GPC	Yemen （South）	1.62	PCD	Sao Tome & Pr.
37	1.81	MRNDD	Rwanda	1.61	MCDDI	Congo, Rep.
38	1.80	PPP	Pakistan	1.60	AM	Kyrgyzstan
39	1.80	CCM	Tanzania	1.59	UPADS	Congo, Rep.
40	1.79	PJ	Argentina	1.56	PLP	Philippines
41	1.77	NRM	Uganda	1.55	SPPF/PL/SPUP	Seychelles
42	1.76	SWAPO	Namibia	1.52	ARENA	Madagascar
43	1.76	ER	Russia	1.51	UDV-RDA	Burkina Faso
44	1.76	USDP	Myanmar	1.51	MLN	Guatemala
45	1.75	SPS	Serbia	1.50	PPB	Brazil
46	1.73	MSZMP	Hungary	1.46	SSU	Sudan
47	1.70	PSS	Albania	1.46	PR/PL	Brazil
48	1.69	FLN	Algeria	1.46	SDPK	Kyrgyzstan
49	1.67	PPM	Mauritania	1.45	ADF-RDA	Burkina Faso
50	1.66	CPSU	Soviet Union	1.44	SN	Peru

注：V-Partyに基づく主成分分析により筆者らが作成。データ内で選挙を3回以上経験している事例に限る。

資源と政党組織を活用した「関係性型」と，政党組織に依存せず候補者個人の資源を活用した「単発型」として解釈することが可能な2つの軸が確認された[11]。本稿では，この主成分分析の結果に基づき，平均0，標準偏差1としてそれぞれ尺度化された主成分得点を，2つのクライアンテリズムの変数として用いる。表1に「関係性型」・「単発型」の通時平均値の上位50位の政党リストを示した（データ内で選挙を3回以上経験した政党に限る）。上位に入る事例は，先に触れた事例も含め，それぞれの類型において顕著な例として想定されてきた事例群と概ね整合的であるといえよう。

　政治体制による違いを探るため，Geddes et al.（2014）の「権威主義体制データセット（Autocratic Regime Dataset）」の基準をもとに民主主義体制と権威主義体制に分けて比較すると，「関係性型」は体制類型にかかわらず与党の方が高いが，与野党間ギャップは，一貫して独裁制の方が大きく，独裁制における野党は民主制における野党と同水準で推移してきた。それに対し，「単発型」は野党の方がやや顕著であり，権威主義体制の方が与野党ともに民主主義体制よりも高い傾向があるものの，「関係性型」の場合よりも政治体制間のギャップが小さい。与野党間の関係性型クライアンテリズムのギャップと権威主義には親和性があると考えられる。では，与野党の異なるタイプのクライアンテリズムは，権威主義体制の安定化や民主化にどのような効果を持つのだろうか。次節で検討したい[12]。

4　クライアンテリズムと民主化

（1）　理論的考察と仮説

　本節では，以上のクライアンテリズムの分類をもとに，クライアンテリズム的リンケージが民主化に及ぼす影響を政党レベルの変数を含む多国間統計分析をつうじて検討する。検討にあたって注意すべき点は，全ての権威主義体制の崩壊が民主化に結びつくわけではない（Geddes et al. 2014）ということである。体制変動の契機が生まれ民主化に結びつくためには，

権力の獲得と委譲は選挙結果をつうじてのみ可能になる，という了解を与野党双方が形成する必要がある（Przeworski 1991）。この相互了解が成立するためには，野党が①選挙を政治的正統性を欠くものであるとしてボイコットするのではなく，それが参加するに値する政治機会であると認識し，選挙競争に参加しなければならない（野党の参加）。他方，与党は②様々な形態の選挙不正に訴えたり経済分配を組織したりすることで選挙で圧勝することをつうじて体制の強靭性を示す能力や誘引をもたないこと（Simpser 2013；Higashijima 2022）（与党の自制），そして，③たとえ選挙結果が与党にとって望ましいものでなかったとしても，クーデタや野党の政治的抑圧など暴力的手段をつうじて選挙結果を覆さず，甘んじてそれを受け入れ野党への権力委譲を認める必要がある（選挙結果の尊重）。

　与党のクライアンテリズムの強さは，直接的には与党の組織的な選挙操作を可能にしてしまい（上記の条件②の棄損），間接的には野党の選挙の棄権を促すこと（条件①の棄損）によって，民主化の見込みを低めると考えられる。与党がクライアンテリズム的リンケージを用いて有権者の大規模動員を行うことができる場合，有権者の投票意図に働きかけるクライアンテリズムの手段がアメに依存するものであってもムチに近いものであっても，与党の選挙の圧倒的勝利に寄与するものになるだろう。そして，そうしたクライアンテリズムによる与党の支持動員は，野党の選挙参入の意欲を失わせ，極端な場合には選挙ボイコットを生み出す間接効果を生み出す。そして選挙ボイコットは選挙をつうじた指導者交代の可能性を低める（Smith 2014）。以上の2つのメカニズムをつうじて与党と独裁者が圧倒的勝利を収め，体制の磐石性を誇示できる場合，選挙による政権交代が困難になることはもちろん，独裁者に「上から」の政治改革の誘引をもたせることも難しく，結果的に権威主義体制を安定化させ，民主化の見込みは低くなってしまうと考えられる。

　対照的に，野党のクライアンテリズムの強さは，直接的には野党に選挙参加の意欲を高めることをつうじて（上記の条件①の促進），そして間接

的には独裁者が選挙結果，究極的には政権交代の受容を促すことをつうじ
て（条件③の後押し），民主化の見込みを高めると考えられる。クライア
ンテリズムによる動員とは，ほとんどの場合選挙の局面に現れる。つまり，
パトロンへの投票と引き換えにクライアントに便宜を図る関係に見いださ
れる（Hicken 2011）。そうであるならば，クライアンテリズムをつうじ
て選挙で支持者を動員できる野党は，選挙をボイコットするよりも，穏健
な野党として選挙競争に参加する誘因をもちやすくなる。なぜなら，州政
府などの資源を活用して自らの支持基盤を固めたり広げたりしていくなか
で，与党に肉薄して選挙に地滑り的に勝利できるかもしれないし，たとえ
選挙に敗れたとしても得票差を小さなものにして与党への交渉力を高めら
れる可能性があるからである。

　他方，そうした野党を目にした与党は，野党の脅威を認識するようにな
る。選挙動員力のある野党に，抑圧的手段を用いて急進化させてしまうと，
野党が権力の座に就いた時に与党は大きな代償を払う必要が大きくなる。
野党の脅威に対するいわば「緩衝材」として，与党は政治的抑圧の緩和や
選挙管理委員会の独立性の向上，法の支配の強化，選挙の自由化など種々
の政治改革に着手する誘因をもち，「改革」のシグナルを送ることで民主
化後の権力基盤の維持を目指す「軟着陸の民主化」を目指しやすくなる
（Magaloni 2010；Chernykh and Svolik 2015；Rozenas 2016）。既存体制
の政治的自由化へのコミットメントは野党をさらに穏健化させるとともに，
民主的制度は民主化後の新政府を縛ることにもなる。そうした相互保障は，
野党が選挙に勝利したときに与党がその結果を受け入れることを可能にし，
民主主義体制へ移行する際の助けとなろう。

　これまで論じてきたクライアンテリズムの民主化に及ぼす効果は，クラ
イアンテリズムの種類によっても異なってくると考えられる。監視と履行
のメカニズムが十分機能する「関係性型クライアンテリズム」の特徴を強
くもつ政党は，「単発型クライアンテリズム」に基づく政党よりも民主化
の成否に影響する力をより大きくもつだろう。以上の議論から，クライア

ンテリズムと民主化にまつわる次の3つの仮説を導出することができる。

仮説1：与党のクライアンテリズムの強さは，その国の民主化の見込み
　　　　を低める。

仮説2：野党のクライアンテリズムの強さは，その国の民主化の見込み
　　　　を高める。

仮説3：クライアンテリズムが民主化の見込みに与える影響は，「単発
　　　　型」よりも「関係性型」のクライアンテリズムにおいて大き
　　　　なものになる。

　以上の理論的予測を例証する上で参考になる対照的な事例が，メキシコ
とロシアである。メキシコは，与野党間の関係性型クライアンテリズムの
ギャップの縮小が，結果的に民主化に結実したと考えられる事例である。
メキシコでは，長らく制度的革命党（Institutional Revolutionary Party,
PRI）が政党独裁体制を敷いていたが，2000年に右派野党の国民行動党
（National Action Party）が大統領選挙に勝利し，PRIが選挙結果を認め
たことで政権交代が起き，民主主義体制へと移行した。PRIが長らく政党
独裁体制を維持することができた要因の最も重要な要素の一つが，草の根
に拡がる広範な政党組織を用いた関係性型クライアンテリズムによるパト
ロネジ分配であると言われている（Greene 2007）。しかしながら，そう
したパトロネジ分配によるマシーン政治がフル稼働したのは1980年代の初
めまでで，石油ブームの終焉と1982年の債務危機以降，パトロネジ分配を
つうじたPRIの支持動員力は顕著に低下した（Magaloni 2006）。その間，
連邦制下で都市部を中心に野党が成長し，北部を中心とした州知事のポス
トに当選して州政治に付随する財政資源やクライアンテリズム的リンケー
ジを強化しながら，PRIの優位を脅かしていった（Greene 2007）。
　図1（a）は，メキシコの議会選挙での与野党の得票率と2つのタイプ
のクライアンテリズムの強さの時系列的変化を示したものであるが，PRI

図1　与野党第一党のクライアンテリズムと民主化の成否事例

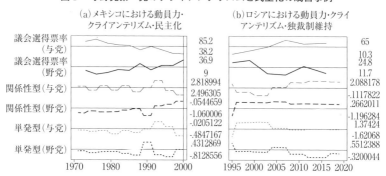

出典：V-Party データをもとに筆者らが作成。(a) の縦の実線は民主化が起きた年を示している。

　の「関係性型」と「単発型」のクライアンテリズムは2000年に向かって軒並み低下する傾向にあり，それに応じて，支持動員力を測定する有益な指標となるPRIの議会選得票率も低下していることがわかる。対照的に，野党のクライアンテリズムは強化される傾向にあり，議会選得票率は増加している。

　対照的に，与野党間の関係性型のクライアンテリズムの差が広がり，ゆえに両者の選挙での選挙動員力に大きなギャップが生まれた結果，権威主義体制が維持されている事例として位置づけられるのが，ロシアである。ロシアでは2000年代初頭まで，分極的政治状況のなか政党（システム）が制度化されず与党勢力も分裂気味であった（例えば，Hale 2005）。図1 (b) をみると，与党第一党（1995年：「我が家ロシア」，1999年：「統一」）の得票率は非常に低く，クライアンテリズム的動員も関係性型の傾向が弱く，もっぱら「単発型」のクライアンテリズムに依存している傾向にあることが見て取れる。

　しかしながら，プーチン大統領就任前後の2000年ごろより連邦中央に権限を集中させる改革が実施され地方の自立性が制限されると，国家機構に密接に重なり合うかたちで巨大与党である「統一ロシア」が既存与党を糾合して誕生した（油本 2015；Reuter 2017）。統一ロシアは，「アメ」と

「ムチ」を含む様々な国家の「行政資源」を政治的支持動員のために用いる政党組織となり（Remington 2008），関係性型クライアンテリズムの基盤を政府与党に提供した。与党の関係性型クライアンテリズムは2000年代中頃から上昇する一方，単発型のクライアンテリズムはその間漸減し，そうした傾向は2010年代以降も続いている。関係性型クライアンテリズムは，プーチンの独裁体制を支えるインフォーマル制度となっていると言える。

（２）　実証分析

① 分析単位と従属変数

　ここでは，以上の３つの仮説の妥当性を多国間統計分析によって検討する。ここでの従属変数は民主化であるため，分析単位を国・年に設定する。

　我々のここでの主要な理論的予測は，与党（野党）のクライアンテリズムの強さは民主化を阻害（促進）する，というものである。この仮説を検証するために，先述のGeddes et al.（2014）らのデータを用いて，それぞれの当該年に民主主義体制への移行が生じた場合に１，そうでない場合には０を割り振った二値変数を作成し，従属変数として用いる。Geddes et al.（2014）らのデータセットでは，公正かつ自由な選挙をつうじて為政者が選ばれている場合，民主主義体制であると判定され，そうでない場合，権威主義体制であると判定される。本分析で用いるサンプルは権威主義体制であるため，ある国が民主化した場合，その次の年から当該国はサンプルから除外されることになるが，その後権威主義に戻った場合は再びサンプルに含まれるようになる。

② 独立変数

　独立変数は，与野党の２つの種類のクライアンテリズム，すなわち「関係性型」指標と「単発型」指標である[13]。V-Partyは国・選挙年のデータであるため，国・年のデータ分析を行うために非選挙年に関しては，前回選挙年の変数の値を用いることとする。また，V-Partyデータでは与野党の

区別は当年選挙の結果に基づいたものであるため，選挙をつうじた民主化が起こった場合，選挙年の与野党の区別をまちがって判定する。この懸念に対処するために，全てのクライアンテリズム変数は1期のラグ付きである。

　統制変数として，民主化研究の先行研究に依拠して，全てのモデルには，経済成長（*World Development Indicators*, Haggard and Kaufman 1995），一人当たりGDP（自然対数，*World Development Indicators*, Przeworski et al. 2000），近隣国の民主主義国家の比率（Brinks and Coppedge 2006），一人当たり石油ガス価値（各国各年の石油ガス量に石油ガスの国際価格を掛け合わせて人口で割った値に1を足して自然対数化；Ross and Mahdavi 2015）を投入し，閉鎖的権威主義体制と選挙権威主義体制を区別するために，複数政党が存在するか否かのダミー変数（V-Demのv2xregime）を統制する（Brownlee 2009）。これらに加えて，権威主義体制の安定性に関する有力な説明要因とされている権威主義体制のタイプ（政党支配，軍部支配，君主独裁，個人独裁；個人独裁が参照カテゴリー，Geddes et al. 2014）を投入する。特に，クライアンテリズム指標を主成分分析で検出・合成する際に，構成する要素の中に政党組織も含まれているため，政党独裁が権威主義体制の崩壊に及ぼす効果からクライアンテリズムの強さが権威主義体制の崩壊に及ぼす効果を切り離す上でも，権威主義体制のタイプを統制することは重要となる。全ての統制変数は一期のラグ付きである。

③　分析期間と分析手法

　分析期間は，V-Partyデータと「権威主義体制データセット」の双方でカバーされている1970〜2010年の40年間，分析対象国は92の権威主義国である。いずれの統計モデルにおいても二値の従属変数の時間依存性を考慮に入れるために，前回の政治体制変動からの経年数と3つのスプライン変数を投入する（Beck et al. 1998）。ユニット内の自己相関に対処するため

に，国ごとのクラスタ頑健標準誤差を算出する。

　分析の頑健性を確保するために2つの分析手法を採用する。まず，最小二乗法（Ordinary Least Squares, OLS）による線形確率モデルを推定する。OLSは，国と年ごとの固定効果を投入して，各国・各年に不変の観察不能な変数を考慮に入れることで「差分の差」（difference-in-differences）分析に近似できる上に，解釈も容易である。さらに，OLSでの分析結果の頑健性を確認するために，二値の結果変数で用いられるロジスティック回帰分析を用いる。ロジスティック回帰分析において国・年の固定効果を投入した場合，従属変数の変化が見られない多くの国や年を分析から排除してしまい深刻な選択バイアスを引き起こすことになるので，この問題を回避しつつ固定効果を一定程度考慮に入れるために地域ダミーと5年ごとのダミー変数を投入する。いずれの統計モデルにおいても，ある国・年時点での与野党のクライアンテリズムの強さに応じて，その時点の民主化の確率がどのように変化するのかを統計的に推定する。

④　分析結果

　図2は，独裁制から民主制への移行についての効果（と95％信頼区間）を示したものである。閉鎖的権威主義体制では野党の選挙参加が認められていないため，これらの多くの体制では野党のクライアンテリズム変数の値が欠損値となっている。他方，与党のクライアンテリズム変数だけを投入した場合，閉鎖的権威主義体制と選挙権威主義体制の双方をサンプルに含む分析となる。ゆえに，(i)統制変数なしのモデル（OLSのみ），(ii)統制変数を投入した閉鎖的権威主義・選挙権威主義を含む独裁制全体のモデル，(iii)統制変数を投入して選挙権威主義体制だけに限定したモデルについて，OLSとロジットでそれぞれ回帰分析を行った計5つのモデルを推定する。[14]

　分析結果から示されているように，サンプル・モデル特定・分析方法が異なるモデルのいずれにおいても，与党の「関係性型」変数は負の係数の値を示している一方で，野党の「関係性型」変数は正の係数の値であり，

図2　クライアンテリズムが民主制への移行に与える効果

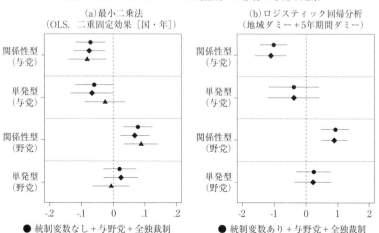

(a)最小二乗法
(OLS，二重固定効果［国・年］)

(b)ロジスティック回帰分析
(地域ダミー＋5年期間ダミー)

● 統制変数なし＋与野党＋全独裁制
◆ 統制変数あり＋与野党＋全独裁制
▲ 統制変数あり＋与野党＋選挙独裁制

● 統制変数あり＋与野党＋全独裁制
◆ 統制変数あり＋与野党＋選挙独裁制

いずれも0.1から1％水準で統計的に有意である。この分析結果は，与党の「関係性型」が強固であればあるほど，独裁制から民主制への移行が起こりにくくなることを示している。他方，「単発型」に関しては，与党に関してはいくつかのモデルにおいて負の係数が10％水準で統計的に有意であるものの推定結果は安定的でない。以上の分析結果は，与党のクライアンテリズムの強さは民主化を阻害するかもしれないこと，「関係性型」は「単発型」よりも効果量が大きく統計学的確かさも高いことを示しており，仮説を支持する分析結果であるといえる。

　モデル3（統制変数あり＋選挙独裁＋OLS）とモデル5（統制変数あり＋選挙独裁＋ロジスティック回帰）の分析結果をもとに，「関係性型」の程度に応じた民主化の予測値と予測確率を算出したのが図3である。分析手法にかかわらず，与党の関係性型クライアンテリズムが強くなればなるほど，民主化が起こる確率は小さくなる一方，野党の場合は対照的な傾向にあることが示されている。具体的には，野党のクライアンテリズムの強

図3　クライアンテリズムに応じた民主制への移行の予測値・予測確率

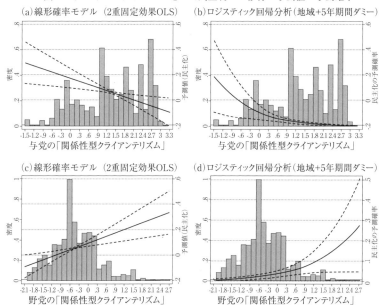

度と他の統制変数の値を平均値に固定したとき，与党の関係性型クライア
ンテリズムの値が標準偏差1個分だけ平均値より低い場合（0.3），民主化
する確率は，5％（ロジット）から7％（OLS）程度であるのに対し，同
値が標準偏差1個分だけ平均値より高くなると（2.2），民主化する確率は
0％から統計的に区別できなくなる。対照的に，与党のクライアンテリズ
ムの強度と他の統制変数の値を平均値に固定したとき，野党の関係性型ク
ライアンテリズムの値が標準偏差1個分だけ平均値より低い場合（-1.05），
民主化する確率は，OLSでもロジットでも1％程度であるのに対し，同値
が標準偏差1個分だけ平均値より高くなると（0.55），民主化する確率は
7.5％（ロジット）もしくは8％（OLS）程度まで上昇する。分析期間
（1970～2010年）において権威主義体制から民主主義体制への移行が起き
ている比率がすべての権威主義体制のうちの2.3％程度であることを考え
ると，これらの数字は決して小さなものではないと考えることができる。[15]

5　まとめと展望

　本稿の目的は，政党の動員戦略としてのクライアンテリズムという「メゾ・レベル」の観点から，クライアンテリズムの特徴を抽出した上でそれが民主化に及ぼす影響に新たな光を当てることであった。クライアンテリズム研究はここ20年程度で新たなブームとなり，急速に研究数が増加しているものの，必ずしも体系的に知見を蓄積してきたわけではない。むしろ，クライアンテリズムが内包する多義性・曖昧性に起因して，定義をめぐる混乱や概念的伸張が目立つようになるとともに，監視やコミットメント問題といった議論の土台となる理論的前提の妥当性が揺らぐようになり，クライアンテリズムの概念や分析枠組み自体を改めて見直すべきであるという問題意識が高まってきた（Hicken and Nathan 2020）。本稿では，そうした立て直しの方向性として着目されている（もののまだ萌芽的段階にある）「関係性型」と「単発型」という区分を起点に，V-Partyの政党単位のデータを用いて操作化するとともに，与野党のクライアンテリズムのパターンが民主主義への移行に与える影響について，体系的なデータ分析を行った。

　分析から明らかになったことは，「関係性型」と「単発型」のクライアンテリズムには共通性があるものの，やはり明確に区分して検討する必要性があるという点である。特に，クライアンテリズムの本来の意味内容や，集票効果の優位性や政治体制に与える影響の大きさからみても，「関係性型」のクライアンテリズムの要因や帰結を理解することが肝要である。本稿の分析結果は，与党が「関係性型」のクライアンテリズムを構築できた場合，民主化を大きく遠のかせる一方で，野党が自立的な地方政府を獲得するなどして「関係性型」のクライアンテリズムを発展させられた場合，民主化の可能性を引き上げることが確認された。

　本稿は政党レベルのパネルデータを用いてクライアンテリズム研究を再

構築する試みの第一歩であり，本研究で確認された相関関係の背後で作動するメカニズムについて，さらなる体系的分析と事例分析の蓄積が必要である。例えば，与党あるいは野党はいかにして強固な政党組織化を伴う「関係性型」のクライアンテリズムを構築することができるのか，クライアンテリズムの生起要因に関する事例分析や統計分析による研究蓄積が望まれる。また，2つのクライアンテリズムの関係性についても，いかなる場合に代替・補完がみられるかについて，検討の余地がある。

　また，帰結についても，与党の「関係性型」のクライアンテリズムが，いかにして民主化を阻害するのか，野党や有権者に与える影響を含めてさらなる研究が必要であるし，野党の「関係性型」のクライアンテリズムが，どのように与党の優位を切り崩していくのかという点についても詳細な検討が不可欠である。さらに，これらのクライアンテリズムが，独裁制の別の独裁制による置換や，民主主義の後退・崩壊，民主化後の地方レベルにおける権威主義的飛び地の存続（馬場 2018等），さらには（ロシアのウクライナ侵攻にかんがみれば）クライアンテリズムが国内的な抑圧や戦争の開始や終結といった国際関係に与える影響ついても，検討の余地が残されている。また，与野党の異なる種類のクライアンテリズムが政治的な代表のあり方や社会経済に与える影響を含めて，先行研究の様々な知見を再検討する余地もある。いずれにせよ，クライアンテリズム研究には，依然として肥沃なフロンティアが広がっている。

　謝辞：討論者の稗田健志会員ならびに中田瑞穂会員，フロアの方々，豊田紳会員から有益なコメントをいただいた。企画委員長の馬場香織会員を含め，記して感謝申し上げる。

章末付表　記述統計

変数	平均	標準偏差	観察数
民主主義への移行	0.033	0.179	1,927
関係性型クライアンテリズム（与党）	1.275	0.98	1,927
単発型クライアンテリズム（与党）	0.003	0.914	1,927
関係性型クライアンテリズム（野党）	-0.334	0.734	1,301
単発型クライアンテリズム（野党）	0.387	0.755	1,301
経済成長率	2.242	5.598	1,237
近隣国の民主主義の比率	0.268	0.224	1,237
一人当たりGDP（ln）	7.425	1.087	1,237
一人当たり石油ガス（ln）	2.144	2.701	1,237
政党独裁	0.445	0.497	1,237
軍部独裁	0.151	0.358	1,237
君主独裁	0.013	0.113	1,237

注

1）　V-PartyはV-Demと同様に専門家調査であり，政党の基本的情報，アイデンティティ，組織的特徴について，複数の専門家に評価させ，その回答をもとにベイジアン項目反応理論を用いて指標化している。なお，2022年2月にversion 2が公開された。

2）　クライアンテリズムの多様性を捉えるにあたり，クライアントの行動を規律するために正のインセンティブ（物質的報酬など）に頼るか負のインセンティブ（物質的報酬からの排除や分配のとりやめ，あるいは暴力や嫌がらせ）に依存するのかに応じて分類したり，あるいはパトロンとクライアントをつなぐ重要なアクターである「ブローカー」（Stokes et al. 2013）の種類に応じて分類する方法もある（Mares and Young 2016, 2019）。

3）　とはいえ，様々な地域にまたがる多くの研究では，たとえ監視と履行メカニズムが弱くても，しばしば有権者が便宜を提供した政治家に投票することが示唆されている。この一見理解し難い現象を整合的に説明するために，研究者たちは，便益供与が政治家の有能さや有権者への思慮を示すシグナルになる（Muñoz 2014, 2018；Kramon 2016, 2017），政治家あるいはブローカーが有権者との互恵的規範（Finan and Schechter 2012）や社会ネットワーク（Cruz 2019；Ravanilla et al. 2021）など監視と履行以外のメカニズムに頼る傾向にある，有権者数が少ない場合選挙区レベルで集計された選挙結果が監視メカニズムを提供する（Rueda 2015, 2017），といった観点から仮説を提出している。

4）　東島・鷲田（2021）は，与野党双方のクライアンテリズムの要因と帰結を包括的に分析している。

5）　票の買収などクライアンテリズム的リンケージに基づく分配に関する経験や認識の回答は「社会的望ましさバイアス」（social desirability bias）の影響を受けやすいと考えられるため，リスト実験などを用いて有権者の票の買収経験などを正確に測定する研究も蓄積されている（Gonzalez-Ocantos et al. 2012；Croke 2017；Blair et al. 2020）。

6）　他方，クライアンテリズムは政治的支持や政治動員に正の効果をもたない（Guardado and Wantchekon 2018；Núñez 2018），あるいは票の買収や強制をともなうクライアンテリズムに基づく政治動員を行う候補者は有権者の好感度を下げる傾向にあること（Mares and Visconti 2020）などを示す実証分析結果もあり，総じてクライアンテリズムが政治家への評価に及ぼす効果は文脈依存的であることが推察される。

7）　クライアンテリズムに基づく財の分配は，効率的な公共政策の実施を妨げ，公共セクターの経済改革を妨げ，経済成長を鈍化させる傾向にある（Cruz and Keefer 2015；Khemani 2015；Albertus et al. 2016）。他方，Williams（2017）の実証分析は，ガーナにおいて公共事業の未完や遅延がどのように引き起こされるのかについて分析し，クライアンテリズム的リンケージは未完の要因では必ずしもないことを示している。

8）　一方，V-Demのクライアンテリズム関連の諸指標（票買収，排除可能財の提供，非プログラム・ベースの資源配分）は，長期のパネルデータを提供するが，あくまで国レベルの指標化であるとともに，それぞれ別個の関心・理論的背景から概念化・指標化がなされており，必ずしも体系的理論に基づいて分類・操作化を行っているわけではない。

9）　Yıldırım and Kitschelt（2020）は，消費財，公的便益のえこひいき，雇用機会，公的契約，規制上の優遇措置といった財の種類に関する専門家評価に基づく変数を用いて，88国506政党のサンプルから先進国を除いた66国362政党に絞った主成分分析を行い，「関係性型」と「単発型」の2つの軸を抽出している。しかし，なぜ先進国を除くのかについて理論的な説明がなされておらず（先進国の定義も明示していない），また，彼らのデータを用いて主成分分析を再現した場合，単一次元しか検出されない（つまり5指標間の相関が極めて高い）。クライアンテリズムの機能は財の性質よりもそれらがどのように分配されているかというコンテクストに依存する（Hicken and Nathan 2020）という意味で，彼らのアプローチでは異な

　る種類のクライアンテリズムを十分とらえられていない可能性がある。

10)　V-Partyは，政党のアイデンティティをとらえるために，選挙前の公約，記者会見，公的スピーチ，インタビューをもとにクライアンテリズムを含む様々な項目について評価を行っている。V-Partyでは，クライアンテリズムを「政党またはその候補者が，分配対象が限定的で排除可能な財や便益（消費財，現金，あるいは契約などの政府サービスへの優先的アクセス等）を，支持調達または維持を目的として分配する程度」と定義しており，「関係性型」・「単発型」の双方の特徴を含んだものとして捉えている。

11)　負荷量絶対値が0.4以上の項目に着目すると，第1軸は，国家資源のインフォーマルな使用（0.730），クライアンテリズムへの態度（0.702），地方の政党事務所（0.697），クライアンテリズムの顕著さ（0.635），地方の政党スタッフ（0.631），第2軸は，地方の政党スタッフ（-0.650），候補者個人の資金（0.608），地方の政党事務所（-0.578），クライアンテリズムの顕著さ（0.527），クライアンテリズムへの態度（0.475）のウェイトが高い（n=6,200）。第1軸は，分散の38.7%を説明し，第2軸は分散の27.4%を説明しており，累積で3分の2以上の分散が説明されていることになる（固有値はそれぞれ，2.3と1.6）。

12)　東島・鷲田（2021）は，与野党それぞれの2類型のクライアンテリズムの規定要因についても探索的な検討を行っている。例えば，議席比率が高いほど，天然資源があり政府が経済を統制する度合いが高いほど，あるいは，民族や党派などを用いた支持の囲い込みが行いやすい場合ほど，与党が関係性型のクライアンテリズムを発展させやすい傾向にあることを示した。また，野党でも民間や経済エリートからの支援に頼ることができ，連邦制のように地方政府の自立性が高い（つまり，野党が州政権を握ることで有権者との交換関係を発展させる機会がある〔Lucardi 2016；Weiss 2020b等〕）場合ほど，関係性型を展開できることなどの知見が得られている。その他，経済発展や民主主義度，選挙制度（罰則付き義務投票制等）がクライアンテリズムを抑制する効果についても検証している。改めて別稿で論じたい。

13)　V-Partyデータはその他の与党や第二党以下の野党も分析対象に含めることができるが，今回は第一与野党に限定して分析を行う。

14)　記述統計は章末付表に示している。

15)　今後の改善にあたっては，分析期間を延ばすとともに，内生性問題や政権交代を考慮に入れた詳細な検討を行う。なお，独裁制の別の独裁制による置換や，民主制の崩壊についても検討したが，頑健な相関関係はみられなかった。独裁制による置換については，先に示唆したようなクライアンテリズムと民主化の間の3つの因果

メカニズムが介在しないために，クライアンテリズムは独裁制への移行に顕著な影響をもたないと考えられる。

参考文献

Albertus, Michael, Alberto Diaz-Cayeros, Beatriz Magaloni, and Barry R. Weingast (2016) "Authoritarian Survival and Poverty Traps : Land Reform in Mexico," *World Development* 77 : 154-170.

Arslantaş, Düzgün, and Şenol Arslantaş (2020) "How Does Clientelism Foster Electoral Dominance? Evidence from Turkey," *Asian Journal of Comparative Politics*, (DOI : http://dx.doi.org/10.1177/2057891120920718).

Aspinall, Edward, and Ward Berenschot (2019) *Democracy for Sale : Elections, Clientelism, and the State in Indonesia*, Ithaca, NY : Cornell University Press.

Aytaç, S. Erdem, Michael Mousseau, and Ömer Faruk Örsün (2016) "Why Some Countries Are Immune from the Resource Curse : The Role of Economic Norms," *Democratization* 23(1) : 71-92.

Beck, Nathaniel, Jonathan Katz, and Richard Tucker (1998) "Taking Time Seriously," *American Journal of Political Science* 42 : 1260-1288.

Blair, Graeme, Alexander Coppock, and Margaret Moor (2020) "When to Worry about Sensitivity Bias : A Social Reference Theory and Evidence from 30 Years of List Experiments," *American Political Science Review* 114(4) : 1297-1315.

Brinks, Daniel and Michael Coppedge (2006) "Diffusion Is No Illusion : Neighbor Emulation in the Third Wave of Democracy," *Comparative Political Studies* 39 (4) : 463-489.

Brownlee, Jason (2009) "Portents of Pluralism : How Hybrid Regimes Affect Democratic Transitions," *American Journal of Political Science* 53(3) : 515-532.

Cantú, Francisco (2019) "Groceries for Votes : The Electoral Returns of Vote Buying," *Journal of Politics* 81(3) : 790-804.

Chernykh, Svitlana and Milan W. Svolik (2015) "Third-party Actors and the Success of Democracy : How Electoral Commissions, Courts, and Observers Shape Incentives for Electoral Manipulation and Post-election Protests," *The Journal of Politics* 77(2) : 407-420.

Coppedge Michael, John Gerring, Carl Henrik Knutsen, Staffan I. Lindberg, Jan Teorell, David Altman, Michael Bernhard, M. Steven Fish, Adam Glynn, Allen

Hicken, Kyle L. Marquardt, Kelly Mcmann, Pamela Paxton, Daniel Pemstein, Brigitte Seim, Rachel Sigman, Svenderik Skaaning, Jeffrey Staton, Agnes Cornell, Lisa Gastaldi, Haakon Gjer, Valeriya Mechkova, Johannes Von Römer, Aksel Sundtröm, Eitan Tzelgov, and Luca Uberti (2020) "V-Dem Codebook v10."

Corstange, Daniel (2016) *The Price of a Vote in the Middle East : Clientelism and Communal Politics in Lebanon and Yemen*, New York, NY : Cambridge University Press.

Croke, Kevin (2017) "Tools of Single Party Hegemony in Tanzania : Evidence from Surveys and Survey Experiments," *Democratization* 24(2) : 189-208.

Cruz, Cesi (2019) "Social Networks and the Targeting of Vote Buying," *Comparative Political Studies* 52(3) : 382-411.

Cruz, Cesi, and Philip Keefer (2015) "Political Parties, Clientelism, and Bureaucratic Reform," *Comparative Political Studies* 48(14) : 1942-1973.

Cruz, Cesi, Julien Labonne, Philip Keefer, and Francesco Trebbi (2018) "Making Policies Matter : Voter Responses to Campaign Promises," *NBER Working Paper Series* 24785 : 1-51.

DeLaO, Ana L. (2013) "Do Conditional Cash Transfers Affect Electoral Behavior? Evidence from a Randomized Experiment in Mexico," *American Journal of Political Science* 57(1) : 1-14.

Esen, Berk and Sebnem Gumuscu (2021) "Why Did Turkish Democracy Collapse? A Political Economy Account of AKP's Authoritarianism," *Party Politics* 27(6) : 1075-1091.

Finan, Frederico and Laura Schechter (2012) "Vote-Buying and Reciprocity," *Econometrica* 80(2) : 863-881.

Frye, Timothy, Ora John Reuter, and David Szakonyi (2019) "Hitting Them with Carrots : Voter Intimidation and Vote Buying in Russia," *British Journal of Political Science* 49(3) : 857-881.

Gallego, Jorge (2018) "Natural Disasters and Clientelism : The Case of Floods and Landslides in Colombia," *Electoral Studies* 55 : 73-88.

Gans-Morse, Jordan, Sebastián Mazzuca, and Simeon Nichter (2014) "Varieties of Clientelism : Machine Politics during Elections," *American Journal of Political Science* 58(2) : 415-432.

Geddes, Barbara, Joseph Wright, and Erica Frantz (2014) "Autocratic Breakdown and Regime Transitions : A New Data Set," *Perspectives on Politics* 12(2) : 313-331.

Gonzalez-Ocantos, Ezequiel, Chad Kiewiet de Jonge, Carlos Mel'endez, Javier Osorio, and David W. Nickerson (2012) "Vote Buying and Social Desirability Bias : Experimental Evidence from Nicaragua," *American Journal of Political Science* 56(1) : 202-217.

Greene, Kenneth F. (2007) *Why Dominant Parties Lose : Mexico's Democratization in Comparative Perspective*, Cambridge : Cambridge University Press.

Guardado, Jenny and Leonard Wantchekon (2018) "Do Electoral Handouts Affect Voting Behavior?" *Electoral Studies* 53 : 139-149.

Haggard, Stephan and Robert R. Kaufman (1995) *The Political Economy of Democratic Transitions*, Princeton, NJ : Princeton University Press.

Hale, Henry (2005) *Why Not Parties in Russia? Democracy, Federalism, and the State*, New York, NY : Cambridge University Press.

Hicken, Allen (2011) "Clientelism," *Annual Review of Political Science* 14(1) : 289-310.

Hicken, Allen, and Noah L. Nathan (2020) "Clientelism's Red Herrings : Dead Ends and New Directions in the Study of Nonprogrammatic Politics," *Annual Review of Political Science* 23(1) : 277-294.

Higashijima, Masaaki (2022) *The Dictator's Dilemma at the Ballot Box : Electoral Manipulation, Economic Maneuvering, and Political Order in Autocracies*, Ann Arbor, MI : University of Michigan Press.

Khemani, Stuti (2015) "Buying Votes versus Supplying Public Services : Political Incentives to Under-invest in Pro-poor Policies," *Journal of Development Economics* 117 : 84-93.

Kitschelt, Herbert (2000) "Linkages between Citizens and Politicians in Democratic Polities," *Comparative Political Studies* 33(6/7) : 845-879.

Kitschelt, Herbert, and Steven I. Wilkinson (2007) *Patrons, Clients, and Policies : Patterns of Democratic Accountability and Political Competition*, New York, NY : Cambridge University Press.

Kramon, Eric (2016) "Electoral Handouts as Information : Explaining Unmonitored Vote Buying," *World Politics* 68 : 454-498.

Kramon, Eric (2017) *Money for Votes : The Causes and Consequences of Electoral Clientelism in Africa*, New York, NY : Cambridge University Press.

Kuo, Didi, and Jan Teorell (2017) "Illicit Tactics as Substitutes : Election Fraud, Ballot Reform, and Contested Congressional Elections in the United States, 1860-1930," *Comparative Political Studies* 50(5) : 665-696.

Larreguy, Horacio, John Marshall, and Pablo Querubin (2016) "Parties, Brokers, and Voter Mobilization : How Turnout Buying Depends upon the Party's Capacity to Monitor Brokers," *American Political Science Review* 110(1) : 85-101.

Levitsky, Steven R. and Lucan A. Way (2012) "Beyond Patronage : Violent Struggle, Ruling Party Cohesion, and Authoritarian Durability," *Perspectives on Politics* 10(4) : 869-889.

Lucardi, Adrián (2016) "Building Support from Below? Subnational Elections, Diffusion Effects, and the Growth of the Opposition in Mexico, 1984-2000," *Comparative Political Studies* 49(14) : 1855-1895.

Lust, Ellen (2009) "Democratization by Elections? Competitive Clientelism in the Middle East," *Journal of Democracy* 20(3) : 122-135.

Lührmann, Anna, Nils Düpont, Masaaki Higashijima, Yaman Berker Kavasoglu, Kyle L. Marquardt, Michael Bernhard, Holger Döring, Allen Hicken, Melis Laebens, Staffan I. Lindberg, Juraj Medzihorsky, Anja Neundorf, Ora John Reuter, Saskia Ruth-Lovell, Keith R. Weghorst, Nina Wiesehomeier, Joseph Wright, Nazifa Alizada, Paul Bederke, Lisa Gastaldi, Sandra Grahn, Garry Hindle, Nina Ilchenko, Johannes von Römer, Daniel Pemstein, and Brigitte Seim (2020) "Codebook Varieties of Party Identity and Organisation (V-Party) v1," Varieties of Democracy (V-Dem) Project.

Magaloni, Beatriz (2006) *Voting for Autocracy : Hegemonic Party Survival and Its Demise in Mexico*, New York, NY : Cambridge University Press.

Magaloni, Beatriz (2010) "The Game of Electoral Fraud and the Ousting of Authoritarian Rule," *American Journal of Political Science* 54(3) : 751-765.

Mares, Isabela (2015) *From Open Secrets to Secret Voting : Democratic Electoral Reforms and Voter Autonomy*, New York, NY : Cambridge University Press.

Mares, Isabela, and Giancarlo Visconti (2020) "Voting for the Lesser Evil : Evidence from a Conjoint Experiment in Romania," *Political Science and Research Methods* 8 : 315-328.

Mares, Isabela, and Lauren Young (2016) "Buying, Expropriating, and Stealing Votes," *Annual Review of Political Science* 19 : 267-288.

Mares, Isabela, and Lauren E. Young (2019) *Conditionality and Coercion : Electoral Clientelism in Eastern Europe*, Oxford, UK : Oxford University Press.

Muñoz, Paula (2014) "An Informational Theory of Campaign Clientelism : The Case of Peru," *Comparative Politics* 47(1) : 79-98.

Muñoz, Paula (2018) *Buying Audiences : Clientelism and Electoral Campaigns When Parties Are Weak*, New York, NY : Cambridge University Press.

Nichter, Simeon (2018) *Votes for Survival : Relational Clientelism in Latin America*, New York, NY : Cambridge University Press.

Nichter, Simeon (2008) "Vote Buying or Turnout Buying? Machine Politics and the Secret Ballot," *American Political Science Review* 102(1) : 19-31.

Núñez, Lucas (2018) "Do Clientelistic Machines Affect Electoral Outcomes? Mayoral Incumbency as a Proxy for Machine Prowess," *Electoral Studies* 55 : 109-119.

Oliveros, Virginia (2021) "Working for the Machine : Patronage Jobs and Political Services in Argentina," *Comparative Politics* 53(3) : 381-427.

Piattoni, Simona (2001) *Clientelism, Interests, and Democratic Representation*, New York, NY : Cambridge University Press.

Przeworski, Adam (1991) *Democracy and the Market : Political and Economic Reforms in Eastern Europe and Latin America*, New York, NY : Cambridge University Press.

Przeworski, Adam, Michael E. Alvarez, José Antonio Cheibub, and Fernando Limongi (2000) *Democracy and Development : Political Institutions and Well-Being in the World, 1950-1990*, New York, NY : Cambridge University Press.

Ravanilla, Nico, Dotan Haim, and Allen Hicken (2021) "Brokers, Social Networks, Reciprocity, and Clientelism," *American Journal of Political Science* (DOI : http://dx.doi.org/doi.org/10.1111/ajps.12604).

Remington, Thomas (2008) "Patronage and the Party of Power : President : Parliament Relations under Vladimir Putin," *Europe-Asia Studies* 60(6) : 959-987.

Reuter, John (2017) *The Origins of Dominant Parties : Building Authoritarian Institutions in Post-Soviet Russia*, New York, NY : Cambridge University Press.

Rozenas, Arturas (2016) "Office Insecurity and Electoral Manipulation," *The Journal of Politics* 78(1): 232-248.

Ross, Michael, and Paasha Mahdavi (2015) "Oil and Gas Data, 1932-2014," (URL : https://doi.org/10.7910/DVN/ZTPW0Y).

Rueda, Miguel R. (2015) "Buying Votes with Imperfect Local Knowledge and a Secret Ballot," *Journal of Theoretical Politics* 27(3) : 428-456.

Rueda, Miguel R. (2017) "Small Aggregates, Big Manipulation : Vote Buying Enforcement and Collective Monitoring," *American Journal of Political Science* 61(1) : 163-177.

Sarker, Abu Elias and Faraha Nawaz (2019) "Clientelism, Partyarchy and Democratic Backsliding : A Case Study of Local Government Elections in Bangladesh," *South Asian Survey* 26(1) : 70-91.

Scheiner, Ethan (2005) *Democracy without Competition : Opposition Failure in a One-Party Dominant State*, New York, NY : Cambridge University Press.

Scott, James (1972) "Patron-Client Politics and Political Change in Southeast Asia," *American Political Science Review* 66(1) : 91-113.

Seffer, Kristin (2015) "Clientelism a Stumbling Block for Democratization? : Lessons from Mexico," *Latin American Perspectives* 42(5) : 198-215.

Shefter, Martin (1977) "Party and Patronage : Germany, England, and Italy," *Politics and Society* 7 : 403-451.

Simpser, Alberto (2013) *Why Governments and Parties Manipulate Elections : Theory, Practice, and Implications*, New York, NY : Cambridge University Press.

Smith, Ian O. (2014) "Election Boycotts and Hybrid Regime Survival," *Comparative Political Studies* 47(5) : 743-765.

Stokes, Susan (2005) "Perverse Accountability : A Formal Model of Machine Politics with Evidence from Argentina," *American Political Science Review* 99 (3) : 315-325.

Stokes, Susan, Thad Dunning, Marcelo Nazareno, and Valeria Brusco (2013) *Brokers, Voters, and Clientelism : The Puzzle of Distributive Politics*, New York : Cambridge University Press.

Szwarcberg, Mariela (2015) *Mobilizing Poor Voters : Machine Politics and Social Networks in Argentina*, New York, NY : Cambridge University Press.

Trantidis, Aris (2022) "Building an Authoritarian Regime : Strategies for Autocratisation and Resistance in Belarus and Slovakia," *The British Journal of Politics and International Relations* 24(1) : 113-135.

Wantchekon, Leonard (2003) "Clientelism and Voting Behavior : Evidence from a Field Experiment in Benin,"*World Politics* 55 : 399-422.

Washida, Hidekuni (2019) Distributive Politics in Malaysia : Maintaining Authoritarian Party Dominance, Oxon and New York : Routledge.

Weiss, Meredith (2020a) The Roots of Resilience : Party Machines and Grassroots Politics in Southeast Asia, Ithaca : Cornell University Press.

Weiss, Meredith L. (2020b) "Duelling Networks : Relational Clientelism in Electoral-Authoritarian Malaysia," *Democratization* 27(1) : 100-118.

Williams, Martin J. (2017) "The Political Economy of Unfinished Development Projects : Corruption, Clientelism, or Collective Choice?" *American Political Science Review* 111(4) : 705-723.

Yıldırım, Kerem (2020) "Clientelism and Dominant Incumbent Parties : Party Competition in an Urban Turkish Neighbourhood," *Democratization* 27 (1) : 81-99.

Yıldırım, Kerem and Herbert Kitschelt (2020) "Analytical Perspectives on Varieties of Clientelism," *Democratization* 27(1) : 20-43.

油本真理 (2015)『現代ロシアの政治変容と地方──「与党の不在」から圧倒的一党優位へ』東京大学出版会。

馬場香織 (2018)「民主主義と非民主主義の併存──メキシコにおける地方の競争的権威主義体制」川中豪編『後退する民主主義，強化される権威主義──最良の政治制度とは何か』ミネルヴァ書房，189-218頁。

東島雅昌・鷲田任邦 (2021)「クライアンテリズムの要因と帰結──政党レベルデータを用いた実証分析」日本比較政治学会2021年度研究大会報告論文。

(ひがしじま・まさあき：東北大学／わしだ・ひでくに：東洋大学)

第2部

民主主義体制下のクライエンテリズム

日本政治とクライアンテリズム論について

建林正彦 ［京都大学］

1 日本の政党政治はクライアンテリズムなのか

　日本の政党政治をクライアンテリズムと捉える見方はかねてから有力であった。ただかつてのクライアンテリズム論は，前近代社会における構造的権力の特徴を描くものであり，経済発展，民主化と共に解消するという含意を伴うものであった。これに対してキッチェルトらをはじめとする諸研究は，民主主義の発展した段階においても残存する，近代的市民と政党間の関係として，クライアンテリズムを再構成しようとするものであった。またそうした現代的クライアンテリズムについては，一般的には先進民主主義国に含まれると考えられた日本，イタリア，ベルギー，オーストリアなどの国々においても，それぞれに一定の弱体化傾向を示しつつも，なお妥当する面があると指摘されてきた。そこで本稿ではキッチェルト以降の，政党政治の分析モデルとしての新クライアンテリズム論をもとに，日本の政党政治はクライアンテリスティックだったのか，またそれはどのように変化してきたのか，を検討していく。

2 新クライアンテリズム論

　キッチェルトらは，クライアンテリズムを「政治家，政党と有権者の交換関係。有権者が投票等，何らかの政治的支持を行うことの見返りとして，

政治家や政党が雇用や物品等，様々なサービスを直接的に提供する」関係
とし，市民と政党の間のリンケージの1パターンとして位置付ける
(Kitschelt and Wilkinson 2007)。その定義においては，いわゆる責任政
党政府モデル（responsible party government）が対概念として位置付け
られている[1]。すなわち政党が一定の政策を選挙公約として有権者に提示し，
有権者はその中から好ましいものを選択し，選挙で勝利し，政権を得た政
党がその負託をもとに政策を実施し，有権者はその評価をもとに次の選挙
に臨むというような，政策を媒介にした有権者と政党との結びつきをプロ
グラマティック・リンケージと呼び，それと異なるカテゴリーとして，ク
ライアンテリスティック・リンケージを位置付けたのである。

　このような新クライアンテリズム論はかつてのものとどのように異なる
のか。またクライアンテリズム論についてはそうした新旧の区別のみなら
ず，論者によってもかなり異なる内容が示されてきたと思われるために
(Hilgers 2011)，ヒッケンの整理を手掛かりに，キッチェルト流のクライ
アンテリズムの特徴と，政治学で用いられてきた関連諸概念の異同を明ら
かにしておこう（Hicken 2011)。すなわちヒッケンは，旧来のクライア
ンテリズム論を含め，様々な論者によるクライアンテリズムを，①パトロ
ンとクライアントの間の一対の関係（dyadic)，②相互のサービス提供に
基づいた条件付きの関係（contingency)，③上下関係（hierarchy)，④単
発ではなく，繰り返しの関係（iteration)，⑤強制的ではない任意の関係
(volition)，という相互に関連し，また微妙に矛盾を孕むとも思われる5
つの要素から説明する。新旧のクライアンテリズムによって，またそれぞ
れの中でも論者によって，その強調点が異なるというのである。

　このような基準からすれば，まず伝統的なクライアンテリズム論におい
ては，①③④の点が強調されていたと思われる。パトロンとクライアント
はそれぞれ一個人であり，パトロンの利益供与と引き換えにクライアント
の奉仕がなされる。ただそれは対等な交換関係ではなく，非対称的な性格
を持っており，支配，被支配関係と近似していた。パトロンは豊かでクラ

イアントのサービス提供に依存していないのに対し，クライアントは貧し
く，パトロンの庇護に依存し，そこからの退出を選択できないからである。
このように旧クライアンテリズム論は，貧しい社会の特徴を描くものであ
り，そこでのパトロンは公式の政党や政治家に限定されたものではなく，
様々な集団のリーダーを対象として，より広く社会全般を記述する概念で
あったということができよう。

　これに対して，キッチェルト，ストークスらによる，政党政治の類型と
しての新クライアンテリズムは，②④⑤を強調し，①③を相対的に軽視す
るところに特徴を持つ。あるいはそのように再構成することで，現代政党
政治の分析枠組としてクライアンテリズム論を再生してきたと思われる。
すなわち第一に，任意性をより強調し，上下関係を軽視する。キッチェル
トらは，基本的にパトロンとクライアントを対等，あるいは民主制という
前提の下で，クライアントを有権者＝本人，パトロンを政治家，政党＝代
理人とする本人代理人関係と捉えるが，自律的選択の主体としてのクライ
アントは，旧クライアンテリズム論の想定とは異なるものであり，そこに
かなりの断絶を見ることができる。またこれが第二の特徴である，条件付
けの重視にも繋がる。両者の関係はあくまでも利益の交換に基づいたもの
であり，サービス，政治的支持が提供されなければ，関係は打ち切られる。
ここから便益を提供せず，利益だけを享受しようとする裏切りの可能性と，
それを阻止し，両者の関係を維持するための監視と懲罰のメカニズムへの
注目が導かれる。民主制における秘密投票の下では，有権者の裏切りをい
かに監視するかがクライアンテリスティックな関係を維持する上で重要な
課題となる。第三に，一対の関係については，新クライアンテリズム論に
おいては，比較的緩く捉えられてきたようである。旧クライアンテリズム
論においては，提供される材は，金品，物品，職等々の個別財であったの
に対し，新クライアンテリズム論においては，より広く規制や保護などの
集合財を含めて考えられている。この点も，フリーライドにつながる点で
あり，監視と懲罰の必要性を生じさせる要素となる。

　このようにキッチェルトらは，政党・政治家と市民のリンケージ，すな
わち両者が何をどのように交換するのか，というように政党政治にその射
程を限定してクライアンテリズム論を適用し，責任政党政府モデル，政策
プログラムを介した交換関係とは異なる政党政治の記述モデルとして再生
してきたということができよう。

3　隣接諸概念との関係

　このような新クライアンテリズム論の定義に基づいた場合には，これま
で政党政治の研究において用いられてきた他の概念との異同が問題となる。
また特に日本の政党政治に関する議論においては，政治学における概念と
の関係が必ずしも明確ではない用語法も散見されるため，それらとの関係
も含めてここで整理しておく必要があるだろう。

（1）　ポークバレル（pork barrel）

　公共事業等，地域に特化した政策サービス供与のことを意味するが，こ
のような利益供与は，新クライアンテリズム論においては，クライアンテ
リズムとは異なるものとされる。図1はヒッケンによる図を参考に整理し
たものだが，こうした政策サービスは，政治家＝パトロンを支持している
かどうかに関わらず享受できるという公共財的な性格を持つため，条件付
きという要件を満たさないからである。ただポークバレルについては，そ
れに伴う業者の選択に政治家が関与しうる場合には，業者に対しては，政
治的支持との個別の交換が条件づけられたクライアンテリズム的な利益提
供とみることもできる（Scheiner 2007；高畠 1986）。

（2）　個別主義（particularism）

　利益の選別的分配のことを指していると思われる。対概念は普遍主義
（universalism）であろう。すなわち図1に示されているように，すべて

図1 クライアンテリズムと関連する諸概念

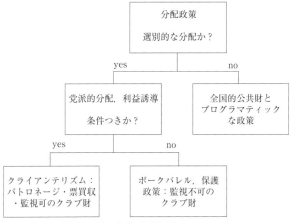

出典：Hicken（2011, P296）を参考に筆者作成。

　の人が一般的に享受できる（年齢，収入等，非政治的な客観基準による選別はありうる）ような分配的サービスは普遍主義的であり，特定の選挙区に居住していたり，特定の政党や議員を支持したりというような政治的選別基準に基づくサービスを個別主義的であるとする。これによれば，クライアンテリズムは，ポークバレル等とともに個別主義の一部ということになろう。日本政治で多用される「利益誘導」は，この個別主義とほぼ重なる言葉だと思われる。したがって利益誘導は，新クライアンテリズム論においては公共事業などのポークバレルも含むクライアンテリズムよりも広い概念ということになるだろう（河野・岩崎 2004）。

（3）　パトロネージ（patronage）

　パトロネージは分配される財の特質に関わる用語だと言えよう。狭義には，現業官職（郵便局員，教員等々）の雇用提供を指したが，より広く公的資源を用いたサービス（政府購入等）全般を指しても用いられてきた。またこれに関連して，クライアンテリズムを政権与党に限られた現象として捉えるのか，野党を含めた政党，政治家全般の特徴と捉えるのかで違い

が生じる。すなわち前者では，クライアンテリズムとパトロネージはほぼ
同義となるのに対し，後者ではクライアンテリズムはより広い概念となる。
政党政治の枠組みとして再構成された新クライアンテリズム論においては，
後者の考えが一般的なものと思われる（Stokes 2007）。

（4）　個人投票（personal vote）

　クライアンテリズムの対概念としてのプログラマティックな政党・政治
家—有権者間の関係は，基本的には政党を単位にするものであろう。政党
が集団として，政策プログラムを有権者に提供し，それを有権者は選択す
るのである。したがってプログラマティックなリンケージは，政党投票＝
政党を基準にした投票選択を必然的に伴うものであると言えよう。しかし
ながらクライアンテリズムは個人投票と必然的に結びつく訳ではない。有
権者への条件付きの利益供与は政党を単位としても行われうるからである。
ただそこに一定の相関は存在するだろう。政治家が政党を基準とする支持
ではなく，政治家個人を基準にした個人投票を必要とする際には，政党が
提供するものとは異なる何かでアピールする必要が生じる。それは個人的
魅力であったり能力であったりする場合もあるが，物質的な利益の供与で
ある場合は多いと言えよう。

（5）　制度論との関係

　キッチェルトらは，新クライアンテリズム論を制度論の限界を超えるも
のと位置付けている。すなわちクライアンテリスティックなリンケージを
政治制度から説明することは難しいとしているが，そうした位置付けは，
これらの諸概念との異同，特に監視と懲罰という条件付けの問題に深く関
係していると思われる（Kitschelt and Wilkinson 2007）。ポークバレル，
個別主義，個人投票などは，いずれも選挙制度を中心とした政治制度によ
る説明が試みられ，かなりの実証的研究が積み上げられてきた事象だから
である（Carey and Shugart 1995）。パトロネージについてもやや異なる

アプローチからではあるが，制度論による有力な説明が提示されてきたと思われる（Shefter 1994；Geddes 1994）。ただこのような制度論は，いずれも前述の諸概念とは異なる事象としてのクライアンテリズムには十分に妥当しないというのがキッチェルトらの指摘だと言えよう。

4　日本におけるクライアンテリズム

　日本の政党政治の特徴，自民党による長期にわたる政権維持を支えたメカニズムとしてクライアンテリズム的な政治家と有権者の結びつきを位値付ける議論は，多くの論者に支持されてきた。自民党議員は，万年与党としての影響力を行使しつつ，公共事業等，様々な利益を選挙区に誘導し，支持者に分配する。そしてその見返りに有権者は自民党を支持し続けるというような，公共政策によるのではなく，物質的利益を媒介にした交換関係を観察してきたのである（京極 1983）。またそれを支えるものとして，個人後援会，議員系列，派閥などが指摘されることも一般的であった。利益誘導は，選挙区に基盤を置く議員個人の後援会を中心に行われ，また国会議員の活動を支える地方議員は選挙区による利益分配と動員を結び付ける結節点であった（セイヤー 1968；カーティス 1983）。中央では派閥が政治資金の出どころとなり，また利益誘導は族議員としての国会議員の政策活動の一部と理解された。国会議員と有権者の関係に留まらず，派閥リーダーと各議員，各議員とそれぞれ国会議員ごとに系列化された地方議員との結びつきをそれぞれパトロン・クライアント関係の連鎖と捉える視角も提起されてきた（井上 1992）。そうした政治過程は腐敗とも結びつく。派閥のリーダーはメンバーを養うべく多額の政治資金を必要とし，企業や団体と結びついたのであり，利益誘導政治は金権政治として批判の対象でもあった（小林 2000；河田編 2008）。

　このような議論は，近代化論的な特徴を有していたと思われる。高畠は選挙民による票買収の様相を細かく描きつつ，これを日本社会の「典型」

としつつも，「都会の選挙」とは異なる農村的な地域社会に根差した現象
であるとして，社会の前近代性と結びつけた議論を展開している（高畠
1986，p.56）。個人後援会主体の自民党は，政党組織についてもその前近
代性を指摘されており，利益誘導政治に対するこうした理解は，自民党政
治全般に対する認識の一部であった（中北 2014）。

　これに対して近年は，新クライアンテリズム論を日本政治に当て嵌める
研究が有力である。従来の近代化論的なクライアンテリズム論では，利益
誘導，ポークバレル，パトロネージ等々の諸概念はクライアンテリズムと
区別されることなく，日本政治の特徴を描くものとして併用されてきたと
言えよう。これに対して新クライアンテリズム論では，従来のクライアン
テリズム論同様に個別財交換に特化するのではなく，保護や規制，公共事
業等の集合財提供を射程に含めつつ，他方で監視と懲罰による条件付きの
交換を強調する。最も明瞭にそうした議論を展開したのは，斉藤（2010），
ローゼンブルース・斉藤・山田（2011）であろう。彼らは「投票用紙記載
台は半開きで，有権者の様子を後ろから監視することができる。たとえ選
挙当日に監視することが難しい場合でも，後援会が複数の手段を組み合わ
せて有権者の投票行動を追跡する」（同上：p.30）として，日本の秘密投
票の下でもかなり高いレベルでの監視が行われてきたと主張し，利益供与
と政治的支持の条件付きの交換が行われてきたとみるのである。そこで提
供される財としては，大規模なインフラ等の公共事業は典型的なものでは
なかったという（斉藤 2010）。それらは排除性の低い公共財的性格を持つ
のであり，政治的支持なしに享受するフリーライドが容易だったからであ
る。公共事業については，むしろターゲットを狭く絞る土地改良事業等が
有効な政策であり，農業保護などについても米作などではなく，利益を享
受する相手の特定が容易な個別の農産品に対する保護がよりそうした特徴
に見合った政策だったと指摘する（Scheiner 2007）。また地方議員や首長
は有権者の代理人という側面と同時に有権者の政治支持提供を監視し，国
政選挙へと動員するブローカーとしての役割を持つことが強調されたので

ある。

　また旧クライアンテリズム論が社会全体の構造としてクライアンテリズムを描こうとするのに対し，個々人の主体的選択，利益交換を強調する新クライアンテリズム論においては，政治制度が及ぼす影響がより注目された。第一に，様々なレベルの中選挙区制，特に衆議院での中選挙区制の議員行動への効果がその要因として指摘された。中選挙区制では大政党の候補者が互いに競争する状況が生まれ，政党によるマクロの公共政策ではなく，個々の政治家の利益提供合戦になったというのである。また第二に，中央政府から地方政府へ多大な財政移転がなされる集権的財政制度もその要因とされた。これによって国会議員による地方への利益誘導が可能となり，また地方政治家や選挙民が国会議員のクライアントとなる誘因が生じたというのである（Scheiner 2006；砂原 2017）。第三に，地方を過剰代表する定数不均衡も，クライアンテリズムを可能にした制度的特徴であるという。クライアンテリズムは農村に偏重した現象であったが，地方の過剰代表がこれを自民党長期政権という全国的な現象に結び付けたというのである（Horiuchi and Saito 2003）。

　キッチェルトらの新クライアンテリズム論は，前述のように制度論には否定的な立場であり（Muller 2007），日本の新クライアンテリズム論とはこの点でやや捩じれが見いだされる。また政治制度の効果を重視するこのような立場からは，選挙制度改革や地方分権改革を経て，そうした特徴が弱まりつつあることも示唆されることになる。多くの論者は，様々な要因からクライアンテリズムがかなりの程度継続していることを留保しつつ，大きな政治制度の変化に伴うクライアンテリズムの減衰を指摘しているようである。

5　実証的裏付け

　日本政治に関する新旧のクライアンテリズムは，どのような実証的裏付

けを備えていたのだろうか。クライアンテリズムはパトロンとクライアントの関係であるために，その証拠は，政治家や政党のサービス提供と有権者の政治参加行動の両面から得られることになるが，政治腐敗，汚職，選挙違反に繋がりうる行為であるため公にされるとは限らず，各国に共通してその実態の把握には困難を伴ってきたと思われる。日本についても間接的なものも含め多様な証拠が示される一方で，いずれも決定的なものとは言い難く，またエリート研究と有権者研究というやや異なる研究分野に跨るために，その包括的な理解は難しかったと思われる。

（1）　エリートレベルの研究

　日本については，主に政治家の活動の事例研究等を通じて様々な利益誘導の姿が明らかにされ，また票買収のようなまさにクライアンテリズムに相当する行為についても記述されてきたが，前述の問題とも関連して，個別具体的な証拠を伴うというよりも，聞き取り調査や伝聞情報に基づくジャーナリスティックなスタイルのものが多く，必ずしも体系的な証拠が積み上げられてきたわけではなかった（高畠 1986；カーティス 1983；広瀬 1981）。またそうした記述内容からクライアンテリズム的な状況が一部に存在したことは確かだとしても，それがどの程度一般的な現象なのかについては判断しがたかった。

　ただやや検討対象のレベルは異なるものの，政治家が後援会や個人投票にどの程度依存してきたのかについては，議員調査に基づくある程度一般化の可能な分析もある。そしてそのような調査からは，選挙制度改革などを経て，より政党組織に依存した方向への変化が見いだされるものの，後援会や個人投票への依存がなお継続している様相が見いだされる。

　図 2 は筆者らによる国会議員調査（2016年）の結果であるが，各議員の直近の選挙において自身の得票を「あなた自身の支持者」「あなたの政党の支持者」「他の政党の支持者」「その他」のいずれから獲得したと認識しているかをその合計が100％となるよう配分してもらう設問について，議

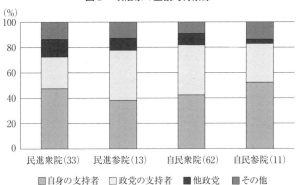

図2　政治家の主観的得票源

(%)

　　民進衆院(33)　民進参院(13)　自民衆院(62)　自民参院(11)

　■ 自身の支持者　□ 政党の支持者　■ 他政党　■ その他

出典:「京都大学・読売新聞共同議員調査（2016年）」より筆者作成。

員グループごとの平均値を示したものである。議員の多くが自身の個人的な支持者からの得票が，政党の支持者とほぼ同等あるいはそれ以上に大きな比重を占めると考えていることがわかる。またこの特徴は自民党に限られず，民進党にむしろより強い傾向がみられる。

　また同調査では，直近選挙と初当選時の当選の原動力として「関連団体の力」「後援会の力」「所属政党の力」などがどの程度有効だったのかについて，自民党議員の自己評価を尋ねている（建林　2017：p52-58）。それによれば議員らの選挙スタイルが選挙制度改革などを経てかなり政党本位なものに変化してきたことがわかる。新人議員にとっての「所属政党の力」の評価はかつてに比べれば高まっている。他方で，個人後援会や関連団体への依存度は，特にシニアの議員については選挙制度改革後もそれほど減少していない。議員の選挙スタイルは世代ごとに異なっており，全体としては議員の世代交代に伴って緩やかに政党中心のものへと変化してきたと思われる。

（2）　有権者レベルの研究

　次に有権者の側からの証拠を検討しよう。有権者データに基づく研究か

図3　後援会所属率の変遷

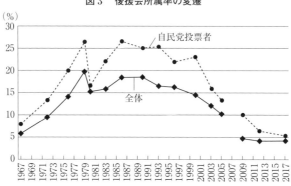

注：点は調査時点を示している。なお2005年以前と2009年以後で後援会所属について
　　の質問形式が変更されているため線では結んでいない。
出典：明るい選挙推進協会のデータより筆者作成。

らは，前述のエリートレベルの証拠とはかなり異なる様相が示されてきた
ように思われる。そもそも政治家の後援会に所属する人は，60年代後半に
は，自民党投票者の1割程度であったという。後援会は，政治家の支持動
員の機能を担った地方の町内会，自治会といった地域ネットワークが人口
移動，都市化に伴って弱体化する中で，その代替物として政治家が徐々に
作り上げたものであり，伝統的な村落共同体とは異なることが指摘されて
きた（カーティス　1983：綿貫　1986）。図3にも示されるように，後援会
所属率はその後上昇したが，80年代後半のピーク時にも有権者全体の20%
弱，自民党投票者の25%程度に留まっていたのであり，それほど多くの人
を取り込んでいたわけではなかったし，その後は減少を続け，現在では5
%程度となっている。

　さらに後援会については，そのメンバーについても実際には3割程度の
人が当該候補以外の候補に投票していたとの分析がある。三宅はJES，池
田はJESⅡというように，時期の異なるサーベイ調査に拠りつつほぼ同じ
結果を確認している（三宅　1989：池田　1997）。また遠藤（2012）も，対
人かPCかという調査方法の違いによる回答結果の違いから，一定の後援
会員の裏切り投票を推計している。ただ後援会が選挙動員に全く効果がな

いうということでもないだろう。蒲島・山田（1994）は，後援会所属が政治
行動に及ぼす効果について分析し，社会的属性，イデオロギー，他の組織
加入，支持政党，支持政党強度，政治的満足度，生活満足度等々の要因を
コントロールした場合には，後援会所属は単に投票参加にさえ独自の効果
を持たないことを見出しているが，これは政治態度変数をコントロールし
たことによる過小評価ではないかと思われる。図4は，1986年，2003年，
2017年というように異なる時期の明るい選挙推進協会（以下，明推協）に
よる調査データについて，後援会や団体への所属状況が投票参加のあり様
にどのような影響を及ぼしてきたのかを比べた回帰分析の結果である。そ
れぞれの従属変数は，左から順に「衆議院選挙で投票したか」「（その人に
投票するのを決めたのはどの段階か）～選挙期間前」「政党の方を重くみ
て投票したか，候補者個人を重くみて投票したか」「（候補者を選ぶときど
ういう点を重くみて投票する人を決めたか）～自分と同じような職業の利
益のために力をつくす人」「（同左）～地元の利益に力をつくす人」という
ダミー変数であり，表示されているのはロジスティック回帰分析の係数と
95％信頼区間である。ここからは様々な政治行動，動員について，後援会
や団体所属の持つ一定の効果を確認できるだろう。時系列的には団体所属
の効果は弱まってきたように思われるものの，大きな変化が見られたとい
うよりはむしろその類似性，継続性が注目される。[3] ただ後援会等を通じた
動員については図3が示す所属率の劇的な減少傾向がより重要だろう。団
体所属率の減少は，政治的動員の主体として注目されることの多かった町
内会，農協，労働組合，経済団体等々について共通する現象であり，団体
を通じた投票等への動員は総量として大きく縮小してきたものと思われる
（濱本 2018）。

　有権者の側からの関連するデータとしては，やはり明推協調査による，
投票の際に「政党」と「候補者」のどちらを重く見て投票したのかを尋ね
る設問がある。図5は自民党投票者の回答について時系列変化を見たもの
だが，衆議院においては選挙制度改革後あたりを画期として政党を基準に

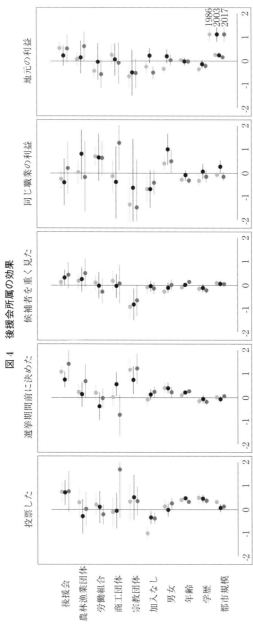

図 4　後援会所属の効果

注：独立変数について、団体所属に関しては、「政治家の後援会」「自治会」「婦人会」「青年団（86年は婦人会と同じグループ）」「PTA」「農協」「労働組合」「商工団体」「宗教団体」「同好会」「市民運動団体等（86年はなし）」「その他の団体」「どれにも加入していない」というそれぞれの選択肢について。イエス・ノーで答える設問形式となっており、加入なし以外については重複所属を踏まえた相互排他性のないダミー変数となっている。男女については、男性＝1、女性＝0とし、年齢については、10歳ごとの年代による順序変数である。また学歴は、1＝小学校・中学校卒（高等小学校を含む）、2＝高校卒（旧制中学校を含む、3＝短大・高専・専修学校卒、4＝大学・大学院卒（旧制高校、旧制専門学校を含む）という5段階。都市規模は、1＝大都市、2＝20万人以上の市、3＝10万人以上の市、4＝10万人未満の市、5＝郡部（町村）という5段階の変数である。

52

図5　政党を重くみたか候補者を重くみたか（自民党投票者のみを
　　　対象に）

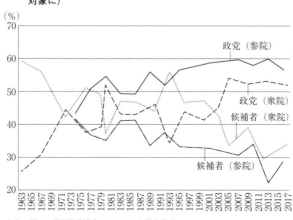

出典：明るい選挙推進協会のデータより筆者作成。

した投票が増えており，参議院地方区では元々政党を基準にした投票が多いが，時代が進むにつれて政党投票の比重がより強まっていることがわかる。

　クライアンテリズム論からは，利益誘導の見返りの個人投票が減り，プログラマティックな政策を基準とした政党投票が増えているのではないかという点が注目される。しかし投票の理由に関する回答を整理した図6は，こうした解釈を支持していないように思われる。図中「party ID」「政策・活動」「Valence」の3本と，「地元利益」「職業利益」「国全体の政治」の3本の線は異なる設問への回答であり，相互の比較には注意が必要だが，政党投票の選択基準を示した前者の3本の線には，ほとんど変化が見られず，この間，政策や政治活動への評価が重みを増してきたとは言えそうにない。また後者3本の線が示す，選挙区での候補者選択の基準については，70〜80年代にかけて増加した「地元利益」基準が90年代には減少し，代わりに「国全体の政治」という評価基準が増加したという変化が注目されるが，「国全体の政治」はやや広すぎる選択肢であり，政策への評価とは見なしにくい。またその変化も70年代前半の水準に回帰したという

図6　投票選択の理由（自民党投票者のみを対象に）

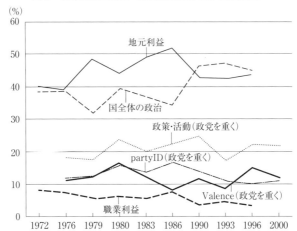

注：partyID，政策・活動，Valenceの3つは，政党を重くみたか候補者を重くみ
たかという問いに対して政党を重くみて投票した人のみを対象に，その選択
基準を尋ねた設問への回答である。具体的には「私は党員だから」「私はその
党の候補者の後援会に入っているから」「なんとなくその政党が好きだから」
という3つの選択肢をpartyIDを理由とする投票選択として同一のグループ
とし，「他の政党よりましだから」を政党の政権担当能力（Valence）を意味
するものとし，「その党の活動（政策）を支持するから」という選択肢を，政
策を基準にした投票，政策本位の投票を示すものとして表示している。ただ
し，図5のように「政党を重くみて」投票する人の増加分をより適切に反映
させるために，政党を重くみて投票した人だけでなく，候補者を重く見て
投票した人を併せ，分母とした比率を示している。地元利益，職業利益，国全
体の政治の3つは，選挙区の候補者に投票した人全てに対して，その理由1
つを選択する形式で尋ねた回答の変化を示したものである。「地元の利益のた
めに力を尽くす人」「自分と同じような職業の利益のために力を尽くす人」
「国全体の政治について考える人」というそれぞれの理由を選択した人の比率
を表示している。
出典：明るい選挙推進協会のデータより筆者作成。

ものであり，近年の政党投票の増加を説明する理由とは考えにくい。総じ
てこの図からは，政策に基づいた投票選択にはほとんど変化が読み取れな
い。政党投票を行う有権者は増加したが，政党の政策や活動を基準にした
投票はほとんど増えていないと思われる。

（3）　補助金等の配分

日本の利益誘導政治に関しては，補助金の配分等，集計データの分析に

よる研究も多くの蓄積がある。堀（1996）は，公共事業の地域配分が，人口と面積をコントロールした場合にも，当該都道府県選出の自民党議員数に影響を受けているとの分析を行った。ただ近年の研究の多くは，衆議院議員の選挙区を分析単位とした場合には，むしろ与党得票率等の自民党の強さと補助金には負の関係が見いだされるとしている（Horiuchi and Saito 2003）。

　他方で政治家による利益配分は全国規模の競争関係ではなく，選挙区内の貢献競争によって決まるとして，選挙区内の分配に注目する研究もある。名取（2002）は市町村を分析単位として，国からの補助金額を中選挙区制下の1990〜1993年，小選挙区（並立制）下の1996年〜99年について分析し，両者について自民党議員の地盤指数，すなわち議員の得票に占める当該市町村における得票比率が，都市度や財政力をコントロールしたうえでも影響を与えていることを見出し，利益誘導政治が選挙制度改革後にも継続していると指摘した。カタリナックらはほぼ同様の分析を1980年から2000年に期間を拡張して行い，やはりより得票率の高い市町村により多い補助金配分がなされていることを見出している（Catalinac et al. 2020）。斉藤（2010）の場合には，さらに監視にフォーカスを当て，新クライアンテリズムの立場を鮮明にする。監視役たる地方議員数を操作化する変数として選挙区内の自治体数に注目し，これが多いほど選挙区に撒かれる補助金の額が増えるとして，単に自民党の支持基盤に対する利益誘導ではなく，監視の容易な部分に対する分配が行われてきたと主張するのである。

（4）　条件付き交換（監視と懲罰）の証拠

　ただバラマキ政治，利益誘導政治を超えて，条件付きの交換，監視と懲罰の証拠を体系的に示した研究はほとんどなかったと思われる。広瀬（1981）が補助金陳情の引き換えに自民党の党員拡張要請を受けて首長が苦労する姿を描き，高畠（1986）が千葉における票買収競争を描くというように，かつてそうした高いレベルの監視と懲罰が存在したことはいくつ

図7　票買収と投票監視の実態（明推協調査（1963・1967）と選挙管理委員会調査（2013））

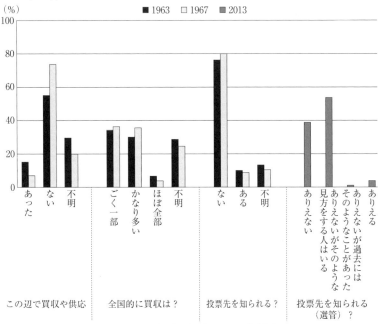

（%）　　　　　　　　■ 1963　□ 1967　■ 2013

縦軸目盛: 100, 80, 60, 40, 20, 0

横軸ラベル:
あった／ない／不明｜ごく一部／かなり多い／ほぼ全部／不明｜ない／ある／不明｜ありえない／見方をする人はいる／ありえないがそのような／ありえないが過去には／ありえる

この辺で買収や供応｜全国的に買収は？｜投票先を知られる？｜投票先を知られる（選管）？

出典：明るい選挙推進協会のデータと選挙管理委員会調査データより筆者作成。

　かのエピソードを通じて示されてきたが，それがどの程度一般的な事象なのかに関しては，十分に検証されてはこなかったと言えよう。

　やや変則的な調査結果として投票監視を裏付けるデータを紹介しよう。図7の左側は，1960年代の明推協調査の中に含まれていた票買収と投票監視に関わる設問の回答結果である。票買収については他者の伝聞，推測の範囲では一定程度認められるが，投票先が知られることがありうるか，という投票監視についてはほとんどの有権者が否定している。その後この設問は問われることがなくなったため，時系列の変化を窺い知ることは難しいが，2013年に神戸大学の研究グループを中心に実施された全国選挙管理委員会事務局調査にほぼ同様の設問が組み込まれている（図7右側）。選

挙を実施する立場上，そうしたことを認め難いという問題はあろうが，ほ
とんどの回答者が過去についてもその存在を否定的に捉えていることは興
味深い。

（5）　小括

　政治家や政党の側の事例やデータ分析からは，議員個人を中心とし，政
党の政策に依存しない選挙が争われてきた様相が窺える。またそうした個
人本位な利益誘導政治は，選挙制度改革等を経て減衰しながらも，依然継
続しているようである。他方で有権者のデータからはやや異なる様相が描
かれる。かつても利益に導かれて政治家個人を基本とし，その利益誘導を
評価して，あるいはその見返りとして投票する有権者は一定程度存在した
が，それは決して有権者の大部分ではなかったと思われる。また近年，特
に選挙制度改革以降においては政党本位の投票が増え，後援会や団体丸抱
えの投票を行う有権者は少なくなっているように思われる。

　個別主義的な利益誘導政治の存在は明らかにされてきたが，新クライア
ンテリズム論のいう監視と懲罰を伴う条件付きの交換関係は，部分的に存
在したかもしれないというレベルに留まり，ほとんどはかなりの程度の裏
切りを許容する緩やかな関係だったと思われる。他方でクライアンテリズ
ムでなければプログラマティックであったかと言えばそれもまた違うと言
えよう。一定の政策プログラムとリンクした政党ラベルに基づく有権者の
選択については，エリートレベルの証拠，有権者レベルの証拠のいずれに
おいても確認されていない。政治家の側における政党組織への依存，有権
者の側における政党を基準にした投票はいずれも明らかに増大しており，
政党本位化は一定程度実現したと思われるが，個人中心の特徴もまた継続
しており，政党ラベルについての政策的な裏付けは十分に確認できないと
思われる。

　興味深いのは，エリートレベルの証拠と有権者レベルの証拠との間にか
なりのギャップが存在することである（遠藤 2012）。たとえば図 2 では自

民党衆院議員については自らの得票のうち，個人的な支持と政党への支持
が5：5の割合と感じているのに対し，図5の有権者調査の同時期の結果
を見るとほぼ4：6で政党本位の投票が多いことがわかる。参院議員につ
いてはそのズレはさらに大きい。後援会の貢献度についても議員の側から
の評価は過去も現在も非常に高く，有権者データとのくい違いが際立って
いる。

6　監視と懲罰の効用とは？

　そもそも新クライアンテリズム論において，条件付き，監視と懲罰を重
視するのはなぜか。秘密投票の下で監視と懲罰の証拠を見つけることは各
国に共通して非常に難しく，この識別が新クライアンテリズム論の実証の
ハードルを上げてきたように思われる。
　分析の難しさという大きな犠牲を払いつつなぜ監視と懲罰を重視するの
か。第一には，多様な監視方法それ自体の興味深さを指摘できるのではな
いか。秘密投票の中で裏切りを見破る手段は工夫に満ちたものであり知的
好奇心を掻き立てる。ただこの点が，監視と懲罰の存在と政治的効果につ
いての過大評価を生んでいる可能性がある点には注意が必要ではないか。
　第二に，いわゆる「逆説明責任」の問題がある（Stokes 2005；斉藤
2010）。監視と懲罰が行き届いた状況では，クライアントの裏切りが不可
能となる。有権者＝クライアントが政治家・政党＝パトロンから提供され
る物質的利益に強く依存している場合には，クライアント同士が，政治家
からの利益提供を求め，相互に競争する立場となる。競争的な選挙政治の
下で，通常であれば政治家が有権者に対して有するはずの説明責任が，そ
の方向を逆転させることになる。こうした状況では「上下関係」が強まり
「任意性」が弱まるのであり旧クライアンテリズム論における支配関係に
近づくことになる。またこうした観点は選挙権威主義の選挙動員等，体制
を超えた比較研究を行う上では実証的な重要性を持つだろう（Stokes

2009)。日本を含め民主制を標榜している国々でこうした現象がみられる
とすれば，それは規範的にも問われるべき課題だろう（斉藤 2010）。

　第三に，民主制の下でも単なる個別主義的な利益誘導ではなく，監視と
懲罰の存在が大きな政治的帰結の違いをもたらしたという考え方もあり得
よう。日本政治に関する新クライアンテリズム論の多くは，そうした主張
をしているように思われる。条件付きの交換関係こそが自民党政権の長期
化，一党優位状況の継続をもたらしたというのである（Scheiner 2006）。
ただそのメカニズム，すなわちなぜフリーライドをある程度許容する利益
誘導政治ではなく，監視を伴う新クライアンテリズムである必要があるの
かについては，必ずしも十分に説明されてこなかったのではないか。たと
えばシャイナーは，財政の中央集権制によって国政とつながりを持つ自民
党系，保守系の政治家は，地方議会や首長レベルでほぼ独占的な政治力を
保持し，その結果，非自民勢力は半永久的に国政への候補者をリクルート
することさえできない競争力の欠如に苦しむことになったという。ただそ
うした説明は，利益誘導型の政治という従来型の理解によっても可能では
ないだろうか。あるいはローゼンブルースらは，衆議院の中選挙区制にお
ける票割りの効用を指摘する。すなわち「中選挙区制では，自民党は同一
選挙区から複数の候補を当選させるために候補者間で得票を分割する必要
があった」という（ローゼンブルース・斉藤・山田 2011：p.31）。確か
に監視と懲罰を通じて有権者の投票を政治家がコントロールできれば，政
治家同士で票を交換することも可能であり，票の均等分割が可能になるだ
ろう。ただそれをなしうる強い政党は，彼女らが他方で提示してきた中選
挙区制の下での分権的な自民党組織という理解と矛盾しているだろう
（Ramseyer and Rosenbluth 1997）。選挙区における票割りは，議席を最
大化しようとする政党にとっては最適解だが，個々の政治家にとってはリ
スクの高い取引であり裏切りの誘因が生じる。自民党議員にとっての票割
りは，個々の選挙区においては，地域や政策分野の差別化を通じて無用な
同士討ちを避け，選挙コストを節約する観点から議員相互のカルテル的な

関係として一定程度成立していたが（建林 2004），そうした分権的な暗黙の協定には強制力はなく，実際にも中選挙区制のもとでの自民党議員は，得票の均等配分にはしばしば失敗してきたと思われる（川人 2000）。

7　得票動員，票交換という効果

　ただローゼンブルースらの議論は，条件付きの交換の持ちうる固有の効果という意味では重要な指摘であろう。有権者の投票行動を把握し，選別的に利益供与を行うことができる逆説明責任の状況では，確かに政党や政治家が得票の流れを上からコントロールすることができる。その点で一定のフリーライドを許容する利益誘導政治とは違いをもたらす可能性があるだろう。衆議院の中選挙区制の下で，自民党議員間の票割りをもたらしたという前述の説明は，必ずしも十分な説得力を持つものではなかったが，日本の政党政治にはそれ以外にも投票動員による大きな選挙上の利益が存在した可能性をいくつか指摘できる。

　第一に，政党による票割りである。分権的な自民党には，そうしたことは不可能であったが，支持者にとって個々の候補者が無差別であるような政党，集権的な政党については，中選挙区制のもとで複数の候補者が競合しているような場合には，政党の組織的な指示に基づく票割りが有効だったかもしれない。地方議会における公明党や共産党，特に前者は正確な票割りを行い，かなりの余剰議席を獲得してきたと思われる。

　第二に，異なるレベルの選挙への動員を指摘できよう。政治家が利益誘導等を通じて，有権者からの支持を個人的に調達しているのであれば，それを異なるレベルの選挙で，協力関係にある同じ政党，あるいは他の政党の候補者へと誘導，動員することはあり得よう（砂原 2012）。自民党について言えば，地方議員が個々に固めた支持者を衆議院選挙や参議院選挙で動員する現象が指摘されてきた。統一地方選挙を終えた後に行われる参議院選挙では，地方議員による動員が働きにくく，自民党が苦戦するという

いわゆる「亥年現象」はその典型であり，地方選挙との関係で国政選挙の
結果が左右される状況が存在するとされてきたのである。

　第三に，第二の点とも重なるが，異なるレベルの選挙において，定数の
異なる相対多数制（SMDとSNTV）が用いられていること，またその場
合のSNTVでは，選挙区ごとに定数が異なっていたこと，また選挙制度改
革後は，衆議院と参議院において並立制が用いられていることなどにより，
政党間で選挙区ごと，レベルごとに異なる様々に複雑な選挙協力の必要性
が生じることを指摘できよう（名取 2013）。政策プログラムを通じて支持
を得ている政党にとって政党間の選挙協力に沿った動員を行うことは難し
く，また有権者の側の戦略的投票に任せた場合には，多くのロスが生じる
だろう。他方で，政党が利益を媒介に有権者と結びついている場合には，
選挙区事情に応じて異なる政党の候補へと支持者を動員することもある程
度可能になるだろう。自公連立の下で自民党と公明党の間で行われている
とされる選挙協力，投票交換はこうした高いレベルの投票動員によって可
能となったと言えるかもしれない（Liff and Maeda 2019）。部分的な投票
動員は，的確な情報と戦略に基づいてなされた場合には，全体の政治的結
果を変え，大きな効果を発揮したかもしれない。前述した日本政治におけ
るエリートレベルの評価と，有権者データのズレは，そうした一部分の大
きな効果を示していたのかもしれない。

8　新クライアンテリズム論の再構成

　これまで論じてきたように，日本の政党政治は，キッチェルト流の市民
─政党リンケージ論においては，クライアンテリズム，プログラマティッ
クのいずれにも位置付けることができないものであった。これは日本政治
の複雑さという問題とは別に，新クライアンテリズム論の概念上の問題と
も思われるため，本稿の結びに変えて新クライアンテリズム論を再構成す
るための論点を提起したい。

　第一はクライアンテリスティック・リンケージとその対概念としてのプログラマティック・リンケージとの非対称性を明確にすることである。そもそも政策プログラムは，地域を横断し，異なるレベルの政治システムを縦断しうるがゆえに効率的なのであり，規模の経済性を持つ交換関係であると言えよう。他方で監視を伴う利益供与に基づくクライアンテリズムは政治システムの一部分において成立する関係でありながら，政治システム全体に影響を及ぼす可能性があるところに独特の特徴があると思われる。これはクライアンテリズムの存在を実証的に確認しようとする際に大きな問題となるだろう。すなわちサーベイ調査などを通じて政党レベルや国レベルで平均的にそうした現象を見出そうとすることは適切なのかという問題である。クライアンテリズムが社会の一部分でも有効に成立することを明確に位置付ける必要があるのではないか。

　第二に，第一の点に関連して，クライアンテリズム，プログラマティック以外の残余について，他のリンケージ，交換関係がありうるのか，という位置付けを明確にすることである。ヒッケンらは，クライアンテリズムには様々な混合型がありうるとして，それを精緻化していくことの必要性を指摘している（Hicken and Nathan 2020）。クライアンテリズムの部分性を捉えたこうした指摘には同意するが，では何との混合なのかが問題となるだろう。実はキッチェルト自身も，従来の3類型の拡張を試みているようである（Kitschelt et al. 2009）。彼らはクライアンテリズムを比較可能な形で把握しようとする専門家サーベイにおいて，カリスマティック，プログラマティック，クライアンテリスティックという3つの類型に加え，「政党に対する忠誠心（party identification）」に依拠した関係，「統治能力（Valence）や経済社会政治的安定」への評価に基づく関係を測ろうとしている。Valenceをプログラマティックの一部として位置付けていることなどは，従来の理解と整合的なのか疑問と言わざるを得ないが，いずれにせよクライアンテリズム論を実証可能な形で明確化するためには，このような非クライアンテリズムの明確化，線引きの作業は避けて通れないも

のと思われる。

　第三に，第二の点に関連して，プログラマティック・リンケージの精緻化，実体化も必要になるだろう。プログラマティックがクライアンテリスティックの対概念である限りは，前者の精緻化は後者のより良い理解にも直結しているからである。たとえば前述のようにプログラムが規模の経済をもとにした効率性を持つとすれば，その成立を妨げる要因も様々に考えることができよう。たとえば地域主義の存在やマルチレベルの政治システムにおける制度不均一性はそうした要因となり得よう（上神 2013）。あるいは政策アイデアが社会にどの程度流通しているか等も重要であろう。ヒッケンらはクライアンテリズムの多様なコストを考慮に入れるべきと指摘するが（Hicken and Nathan 2020），同様にプログラマティックについてもそのコストを含め，リンケージのメカニズムを明確にすることが，クライアンテリズムの理解にも寄与するだろう。

　第四に，やや異なる論点として，制度論との関係性の見直しも指摘しておきたい。前述のように新クライアンテリズム論は，政治制度の規定力に限界を見出す傾向にあるが，そうした指摘の多くは前述の諸点，すなわちクライアンテリズムの部分性やプログラマティックとの非対称性を想定せず，また残余カテゴリーが不明確であったことに起因しているように思われる。たとえばシャイナーは，クライアンテリズムが地方の現象であったことを理由に中選挙区制という全国で用いられた選挙制度の規定力を否定しているが（Scheiner 2007），地方の現象として成立する上で選挙制度が効果を及ぼしていた可能性はあり，また何らかの政治制度を通じて（たとえば参議院の定数不均衡＋強い二院制）そうした地方の現象が全国的な政治的結果を左右した可能性はあるだろう。一部の投票を動員するという点にクライアンテリズムの効果があるとすれば，部分の投票操作が大きな変化をもたらしうる強い二院制，強い地方政府（連邦制），不均一な選挙制度などが，クライアンテリズムの有効性を高め，政策プログラムによる競争を阻害した可能性は検討されても良いと思われる。

注

1）　キッチェルトはカリスマティック・リンケージを含む 3 類型を示しているが（Kitschelt 2000），それ以外の 2 類型が政党政治においてより中心的な対称関係にあると捉えているようである。

2）　この点について，新クライアンテリズム論，特に海外の研究者による研究においては，戦後初期における後援会の小ささとその後の変化，町内会と後援会の違いなどが十分に検討されていなかったのではないかと思われる（Scheiner 2007）。

3）　なお明推協データは，「東京大学社会科学研究所附属社会調査——データアーカイブ研究センター」と「レヴァイアサン・データバンク」による。

参考文献

Carey, John M. and Matthew Soberg Shugart（1995）"Incentives to cultivate a personal vote：A rank ordering of electoral formulas," *Electoral Studies* 14(4)：417-439.

Catalinac A., Bueno de Mesquita B., Smith A.（2020）"A Tournament Theory of Pork Barrel Politics：The Case of Japan," *Comparative Political Studies* 53（10-11）：1619-1655.

Geddes, Barbara（1994）*Politician's Dilemma : Building State Capacity in Latin America*. University of California Press.

Hicken, Allen（2011）"Clientelism," *Annual Review of Political Science* 14(1)：289-310.

Hicken, Allen and Noah L. Nathan（2020）"Clientelism's Red Herrings：Dead Ends and New Directions in the Study of Nonprogrammatic Politics," *Annual Review of Political Science* 23(1)：277-294.

Hilgers, Tina（2011）"Clientelism and conceptual stretching：differentiating among concepts and among analytical levels," *Theory and society* 40(5)：567-588.

Horiuchi, Y. and Saito, J.（2003）"Reapportionment and redistribution：Consequences of electoral reform in Japan," *American Journal of Political Science* 47(4)：669-682.

Kitschelt, Herbert（2000）"Linkages between citizens and politicians in democratic polities," *Comparative Political Studies* 33：845-879.

Kitschelt, Herbert and Steven I. Wilkinson（2007）"Citizen-Politician Linkages：An Introduction," in Herbert Kitschelt and Steven I. Wilkinson（ed.）*Patrons,*

Clients, and Policies : Patterns of Democratic Accountability and Political Competition. Cambridge University Press.

Kitschelt, Herbert, Kent Freeze, Kiril Kolev, and Yi-Ting Wang（2009）"Measuring democratic accountability：An initial report on an emerging data set," *Revista de Ciencia Política* 29：741-773.

Liff, Adam P. and Ko Maeda（2019）"Electoral incentives, policy compromise, and coalition durability：Japan's LDP-Komeito Government in a mixed electoral system," *Japanese Journal of Political Science* 20(1)：53-73.

Muller, Wolfgang C.（2007）"Political institutions and linkage Strategies," in Herbert Kitschelt and Steven I. Wilkinson（ed.）（2007）*op. cit.*

Ramseyer, J. Mark and Frances McCall Rosenbluth（1997）*Japan's Political Marketplace Paperback : With a New Preface.* Harvard University Press.

Scheiner, Ethan（2006）*Democracy without Competition in Japan : Opposition Failure in a One-Party Dominant State.* Cambridge University Press.

Scheiner, Ethan（2007）"Clientelism in Japan：the importance and limits of institutional explanations," in Herbert Kitschelt and Steven I. Wilkinson（ed.）（2007）*op. cit.*

Shefter, Martin（1994）*Political Parties and the State : The American Historical Experience.* Princeton University Press.

Stokes, Susan C.（2005）"Perverse accountability：A formal model of machine politics with evidence from Argentina," *American Political Science Review* 99(3)：315-325.

Stokes, Susan C.（2009）"Political clientelism," in Boix, C. and S. Stokes（ed.）*The Oxford Handbook of Comparative Politics.* Oxford University Press, pp. 604-627.

池田謙一（1997）『転変する政治のリアリティ――投票行動の認知社会心理学』木鐸社。

井上義比古（1992）「国会議員と地方議員の相互依存力学――代議士系列の実証研究」『レヴァイアサン』10：133-155。

上神貴佳（2013）『政党政治と不均一な選挙制度――国政・地方政治・党首選出過程』東京大学出版会。

遠藤晶久（2012）「後援会動員と日本の有権者――世論調査モード間比較」『早稲田大学政治公法研究』100：1-14。

蒲島郁夫・山田真裕（1994）「後援会と日本の政治」『年報政治学』45：211-231。

河田潤一編著（2008）『汚職・腐敗・クライエンテリズムの政治学』ミネルヴァ書房。

川人貞史（2000）「中選挙区制研究と新制度論」『選挙研究』15：5-16。

カーティス・ジェラルド（1983）『代議士の誕生――日本式選挙運動の研究』サイマル
　　出版会。

京極純一（1983）『日本の政治』東京大学出版会。

河野武司・岩崎正洋（編）（2004）『利益誘導政治――国際比較とメカニズム』芦書房。

小林正弥（2000）『政治的恩顧主義論　日本政治研究序説』東京大学出版会。

斉藤淳（2010）『自民党長期政権の政治経済学――利益誘導政治の自己矛盾』勁草書房。

砂原庸介（2012）「マルチレベルの選挙の中の都道府県議会議員」『レヴァイアサン』
　　51：93-113。

砂原庸介（2017）『分裂と統合の日本政治』千倉書房。

セイヤー・N.B.（1968）『自民党』雪華社。

高畠通敏（1986）『地方の王国』潮出版社。

建林正彦（2004）『議員行動の政治経済学』有斐閣。

建林正彦（2017）『政党政治の制度分析』千倉書房。

中北浩爾（2014）『自民党政治の変容』NHK出版。

名取良太（2002）「選挙制度改革と利益誘導政治」『選挙研究』17：128-141。

名取良太（2013）「異なるレベルの選挙制度が阻害する日本政治の変化」『公共選択』
　　60：64-78。

濱本真輔（2018）『現代日本の政党政治』有斐閣。

広瀬道貞（1981）『補助金と政権党』朝日新聞社。

堀要（1996）『日本政治の実証分析』東海大学出版会。

三宅一郎（1989）『投票行動』東京大学出版会。

ローゼンブルース，フランシス・斉藤淳・山田恭平（2011）「選挙制度と政党戦略」樋
　　渡展洋・斉藤淳（編）『政党政治の混迷と政権交代』東京大学出版会。

綿貫譲治（1986）「選挙動員と候補者要因」綿貫譲治・三宅一郎・猪口孝・蒲島郁夫
　　『日本人の選挙行動』東京大学出版会。

（たてばやし・まさひこ：京都大学）

インドネシアにおけるクライエンテリズムと民主主義

増原綾子 ［亜細亜大学］

1　問題関心

　クライエンテリズムは，独立から現在に至るまで一貫してインドネシア政治のダイナミズムを形づくってきた。1967年から30年間続いたスハルト体制下では，汚職が蔓延しながらも，スハルト大統領を頂点とする垂直的なパトロン－クライアント関係の連鎖は権力と富の分布を秩序だったものにし，パトロネジは反対勢力の懐柔に使われ，庶民や貧困層にも一定の恩恵が与えられたことで，国家と社会の安定は保障された。

　1998年にスハルト体制が崩壊して民主化が始まると，競争的な選挙が定着するに従って，買票（vote-buying）の形をとったクライエンテリズムが一般化した。買票をめぐっては，金品を提供する政党政治家や，有権者とのつなぎ役を果たすブローカーが分析対象になることが多いが，有権者の動向にも注目が向けられている。特に貧しい有権者は，政策やプログラムを掲げる候補者よりも，目の前に提示された金品を受け取ることを選ぶ傾向にあり，長期的で全体的な利益ではなく短期的で個別的な利益を優先する有権者の行動がガバナンスを劣化させると言われている。

　インドネシアにおいても貧しい有権者が買票に関わっていることは確かである。しかし，選挙前の金品の授受はすでにインドネシアの「文化」になっていると言われるほど普及しており，そうであるならば金品の授受に関わっているのは決して貧しい人ばかりではないはずである。また，政府

による有権者教育で金品の受け取りは正しくないという認識を持つ人が増えているという。しかし，それでも状況に大きな変化はない。経済成長によって貧困層は減ってはいるものの，選挙前の金品授受は相変わらずである。では，インドネシアの買票慣行を支えているのはどのような教育・経済レベルの人々なのであろうか。また，金品を受け取るのはどのような政治的態度を持っている人であろうか。これが本稿の一つ目の問いである。

　二つ目の問いは，政治家による金品提供が大規模な汚職に結びついているという認識を有権者がどの程度持っているのかということである。多くの政治家が買票などにかかる選挙費用を工面するために汚職に手を染めていることが指摘されるようになった。民主化以降のインドネシアでは汚職撲滅が叫ばれ，取締りが精力的に行われてきたが，買票が減らない限り政治家が関わる大規模な汚職を解決することは困難である。有権者によって，こうした問題は理解されているのであろうか。

　本稿は，これらの問いを念頭に置いて，世論調査とインタビュー調査の結果を利用しながら，買票に関わる有権者の実態と認識について探る。次節以降では，第2節で民主化後のインドネシアにおけるクライエンテリズムについて先行研究の議論を盛り込みながら説明し，第3節では世論調査の回答結果を分析しながら買票に関わる人々の教育・経済レベルや彼らの政治的態度を示す。第4節ではインタビュー調査の結果を分析しながら買票と汚職についての人々の認識を明らかにし，第5節で本稿の結論を提示したい。

2　民主化後のクライエンテリズム

（1）　クライエンテリズムの出現とその様相

　1967年から1998年までのスハルト体制下では，「パトロン」であるスハルト大統領が，支持者である「クライアント」にパトロネジを分配する，垂直的で秩序だったパトロン－クライアント関係が，スハルトによる権威

主義的支配を支えていた（増原 2010）。1998年にインドネシアは民主化したが，ロビソンとハディズや，ウィンタースは，政治経済エリート（＝オリガーク）がスハルト退陣後もそのパトロネジを利用して新しい政治パートナーや経済リソースを得ながら権力を握り続けていると論じ（Robison and Hadiz 2004；Winters 2011），垂直的なクライエンテリズム構造は持続しているという議論を展開した。しかし，他方でスハルトという究極的な「パトロン」がいなくなり，競争的な選挙が定着する中で，政治家と有権者との間で物質的恩恵と支持との交換を特徴とするクライエンテリズムが出現した。

　選挙候補者と彼の選挙対策チーム（ブローカー）が選挙区の有権者に対して，金銭・食糧品・日用品のような私的財から，モスク補修の費用負担といったクラブ財にいたるまで様々な物質的恩恵を競い合うように提供して集票を図ることが日常化し，アスピノールとベレンショットが「暴走クライエンテリズム」（freewheeling clientelism）などと形容するような無秩序なクライエンテリズムが現れた（Aspinall and Berenschot 2019：7）。金銭提供の場合には，封筒に入った現金が有権者に配布されるが，それはしばしば投票日の早朝であることが多いため，「暁の攻撃」などと揶揄的に表現されている[1]。時期や地域によって額は異なるが，1人につき1.5〜5万ルピア（120〜450円）程度が相場であり，より多くの金銭を配布した候補者が勝利する確率が高くなるという調査もある（Aspinall et al. 2017）。複数の候補者から現金が提供されることもあり，選挙期間は「収穫期」であると捉える有権者もいるという（Tawakkal et al. 2017：326）。当然ながら，このような買票行為は違法である。インドネシアの総選挙法（総選挙に関する2017年法律第7号）第523条では，①選挙キャンペーン期間，②投票日前の選挙キャンペーン停止期間，③投票日当日，における候補者から有権者への金品提供あるいはその約束は違法であるとして罰則の対象に定められている。ただし，それ以外の時期に行われる恩恵提供については法律では触れられておらず，違法ではないということになる[2]。

　ところで，インドネシアの選挙ではすべて同じように買票が行われているかというと，そうではない。選挙によって買票のあり方は異なり，特に選挙区の大きさは買票のあり方を左右する。選挙区が大きくなり，有権者の数が多くなるほど，買票は起こりにくくなる。買票のためのコストが大きくなりすぎるからである。ゆえに全国区の大統領選挙では最も買票は少なく，選挙区が小さく候補者と有権者との距離が近い地方議会選挙で買票は最も蔓延していると言われる（Aspinall and Berenschot 2019：110 112）。

（2）　クライエンテリズム蔓延の要因

　このような買票の形を取ったクライエンテリズムがインドネシアに蔓延するにいたった原因として，以下のことが挙げられる。

　第一に，スハルト体制期に与党・政府関係者が庶民に物質的恩恵を配る慣行がすでにつくられていたということである。スハルト体制下では政権与党ゴルカルが選挙で勝つことは「お約束」であったが，それでも５年ごとの選挙の際には「民主主義の祭典」と称して大規模なキャンペーンを通じた「ガス抜き」が行われた。選挙の前後を問わずゴルカル幹部や政府高官は頻繁に地域社会を訪れ，そのたびに私的財やクラブ財の提供が長年にわたり行われ，ゴルカルの集票戦略の一端となっていた（増原 2010：114-115）。そして，民主化後最初の選挙が行われた1999年以降，こうした物質的恩恵の提供は多くの政党によって行われるようになった。[3]

　第二に，民主化後に導入された選挙制度とそれに伴って生じた選挙での競争の激しさである。中選挙区の比例代表制が採用され，選挙では過半数の議席を取る政党がなく，国会は多党化した。2004年には非拘束名簿式が導入されて，比例順位に関係なく得票順に当選者が決まるようになった。１人でも多くの議員を国会に送りたい政党は，１つの選挙区に複数の候補者を擁立するようになる。それによって，政党間の競争のみならず，同じ政党の候補者間の競争も激しくなった。加えて，インドネシアでは政党間

の政策的な違いがあまりなく，まして同じ政党の候補者であれば基本政策はほとんど同じである。ゆえに，クライエンテリズムが有権者にアピールするようになったと考えられる。

　クライエンテリズム蔓延の第三の理由として挙げられるのは，ブローカーやネットワークが果たす役割である。ブローカーの重要性はクライエンテリズム研究者が強調しているところであり（Stokes et al. 2013），インドネシアでも同様である。アスピノールとスクマジャティらはインドネシア各地のクライエンテリズムの多様な事例について論じ，候補者と有権者とをつなぐブローカーの役割の重要性を指摘している。候補者が自前で選挙コンサルタントを雇い，自分の親族・友人・知人などから成る選挙対策チームを組織し，有権者のニーズに合わせて多様な物質的恩恵を提供する実態を示した（Aspinall and Sukmajati 2016）。こうしたブローカーを通じた買票の仕組みは広くインドネシア全体に普及し，クライエンテリズムを定着させることになった。

　最後に，買票はインドネシアの政党にとって合理的な選挙戦略として機能しているということである。スハルト体制下では政党は農村での政治活動を厳しく制限されており，政治家が庶民と日常的に交流する機会は少なかった。民主化後に生まれた政党も多く，これらを背景として，有権者との関係の薄さから票を買うという手段で議席を得ようとするプラグマティックな態度が政党に生じた（Sukmajati 2016：49-50）。また，ムフタディは特定の政党に帰属意識を持つ有権者が少ない中で買票という選挙戦略は有効であると主張する。彼は，金品を受け取った人がその政党に投票する確率は10％程度であると算出し，同じ選挙区で最も少なく得票した当選者と最も多く得票した落選者との得票率の差を全77選挙区で算定すると0.4〜11.8％となり，そのうちの69選挙区で4％以下であるため，金品を受け取った有権者がその候補者に投票する確率が10％しかなくても，候補者の当落を決める上で重要であり，買票には合理性があると説明する（Muhtadi 2019）。

（3）　インドネシアのクライエンテリズムの特徴

　比較の観点から見ると，インドネシアのクライエンテリズムにはどのような特徴が見出せるであろうか。

　一つには，インドネシアのクライエンテリズムは単発型であるということである。クライエンテリズムは，関係性型（Relational clientelism）と単発型（Single-shot clientelism, あるいはSpot-market clientelism）とに分類される（Kitschelt and Wilkinson 2007；Yıdırım and Kitschelt 2020）。関係性型では，選挙期間を超えて継続的に政党／候補者と有権者とが関係を持ち，政党／候補者は有権者が支持しなければ恩恵を提供しないという「脅し」を通じて有権者の継続的な支持を得ようとする。それに対して単発型では，有権者と候補者との関係は1回きりの取引で終わり，恩恵を受けた有権者がその候補者を支持しなくても不利益を被ることはない。キッチェルトらによるクライエンテリズム研究では，このような1回きりの取引であっても候補者と有権者との間に物質的恩恵と支持との交換関係があれば，それをクライエンテリズムとして定義している（Kitschelt and Wilkinson 2007）。

　ユルドゥルムとキッチェルトは単発型と関係性型とを分ける判断基準として，①外部のネットワークを支持調達手段とするか，党の組織を使うか（前者が単発型，後者が関係性型，以下同様），②二者的かつ分権的か，ヒエラルキー的かつ集権的か，③取引が個別的か，集合的か，④個人の資源に依存しているか，公的資源に依存しているか，を挙げる（Yıdırım and Kitschelt 2020：23-4）。インドネシアでは，支持調達手段として党外のネットワーク（候補者個人のブローカー）が利用され，また買票は二者的かつ分権的であり，候補者と有権者各々との間で取引が行われ，候補者個人の資源に依存している。こうした特徴から単発型に分類されうる。

　アスピノールとヒッケンは，フィリピンとインドネシアのブローカーの相違に注目し，フィリピンではブローカーは地域のボスを中心とする選挙マシーンの一部に組み込まれ，選挙期間を超えた持続性があるのに対して，

インドネシアではブローカーは選挙のたびごとに結成される一時的なネットワークであることを明らかにしている。こうしたブローカーの相違も，関係性型であるフィリピンと単発型であるインドネシアとでクライエンテリズムのあり方が異なることを示す基準となっている（Aspinall and Hicken 2019）。

　もう一つの特徴として挙げられるのは，インドネシアのクライエンテリズムは需要主導的（demand driven）であるということである。背後で政党による利益分配のコントロールがなければ，候補者との取引で有権者の方が優位に立つこともある。候補者は有権者が欲しがっている物をねだられ，彼らの要求に拘束され，物質的恩恵を提供しなければ当選できないと感じる（Aspinall and Berenschot 2019）。有権者の中には票の値段を吊り上げて売ろうとする者さえいるという（Aspinall et al. 2017：14）。

　需要主導的であるという特徴に付随して，有権者に対する監視・処罰・強制がほとんど行われない，あるいはその試みがあってもあまり機能しないという特徴も挙げることができる。買票に費やす資源を無駄にするまいと候補者は共同体単位で恩恵を提供し，前金を渡して投票所で目標とする票数の獲得が確認できた後で残りの分を提供するという手段を取り，これを監視や強制の試みとして捉えることができる。しかし，共同体単位での票のとりまとめは，有権者個人が別の候補者から恩恵の提供を受けることでうまく行かないことも多く，投票行動をコントロールすることは困難である（Sukmajati 2016：69）。

　それでも，政治家は恩恵の提供をやめようとはしない。ヒッケンとナザンは，恩恵を提供することで自分が投票されるに値する人物であることを有権者に認めてもらおうとしていると論じ，これを「信頼購入」（Credibility buying）と呼んだ（Hicken and Nathan 2020）。政治家は恩恵を提供しないことによる信頼低下を恐れており，票と恩恵の取引が実際には一部でしか成立しなくても，政治家は有権者の信頼をつなぎとめるために恩恵の提供をやめるわけにはいかないのである。

（4）　クライエンテリズムの帰結①　政策への影響・政治家不信

　インドネシアのクライエンテリズムはこのように単発型で需要主導的な特徴があるが，それは政策志向的な選挙候補者を為政者にすることを妨げ，ガバナンスを劣化させるのであろうか。キッチェルトとウィルキンソンによれば，発展途上国では貧しい有権者は政策の変更に伴って生じるかもしれない利得の可能性よりも，目の前に提示された具体的な利得の方を好む。経済成長に従って所得の底上げがなされ，取引コストが上昇すれば，クライエンテリズムは減少していくものの，中程度の経済レベルの国にあっても政治的競争が激しければクライエンテリズムは根強く残るという（Kitschelt and Wilkinson 2007：25-32）。

　ラインは，「囚人のジレンマ」ゲームに基づく「投票者のジレンマ」（Voter's Dilemma）という議論を提示する（Lyne 2007, 2008）。他の有権者が誰に投票するかわからない状態で，政策を掲げる候補者に投票して，その候補者が選挙に敗ければ，政策から生じるであろう恩恵も物質的利益も得られない。逆に，クライエンテリスティックな候補者に投票して，その候補者が敗け，政策を掲げる候補者が勝ったとすれば，物質的利益も政策的恩恵も両方得ることができる。ゆえに有権者は，貧しいか否かにかかわらず，クライエンテリスティックな候補者に投票し，結果として政策を掲げる候補者は勝利を収めることができない。

　シンは，2011年にジャカルタで行った調査結果に基づいて，比較的豊かで教育レベルの高い有権者がパトロネジよりも政策を望ましいと答えたのに対して，貧しく教育レベルの低い有権者は政策よりもパトロネジを望む傾向にあることを示し，インドネシアにおいては「投票者のジレンマ」よりも有権者の社会経済状態がクライエンテリズムを助長していることを明らかにした（Shin 2015）。

　しかし，有権者の投票行動は政策かクライエンテリズムかの二者択一ではない。買票が蔓延していても，インドネシアでは政策を掲げる候補者が当選している。「改革的知事」と呼ばれる政策志向型の州知事や市長が，

ジャカルタを初めとするジャワ島の主要な地域で当選し，そのうち1人は
その後大統領に当選している。また，ジャワ島外の地域でも貧困者への医
療無料化など福祉政策を掲げる候補者が当選してきた。議会選挙や地方首
長選挙では，政策を掲げながらクライエンテリスティックな要求にも応え
るというハイブリッドな選挙戦略を採用している候補者も多い
(Sukmajati 2016：71-72)。大統領選挙や州知事選挙では候補者の政策や
リーダーシップのスタイル，宗教・イデオロギー的傾向を見極めながら判
断し，議会選挙などでは物質的恩恵を重視するといった形で，有権者も選
挙ごとに投票行動を変えている。また，議会選挙と地方議会選挙とで異な
る政党の候補者に投票する「分割投票」を利用することによって政策と恩
恵のバランスを取ろうとする有権者もいる (Sukmajati 2016：80)。つま
り，有権者は政策的・物質的恩恵双方を得ようとする投票行動を取るため，
クライエンテリズムが蔓延していれば政策志向的な議員が選出されないわ
けではない。

　他方で，議員や政治家に対する有権者の不満は強い。選挙前にだけ地域
に現れて宣伝し，当選した後は住民を顧みず，その意見や希望を聞くこと
もない。政策面での成果を有権者に積極的に示そうとする態度も弱い。ス
クマジャティらは，このような政治家に対する有権者の不満や，有権者と
政党・政治家との関係の薄さを背景として，選挙での支持は「ただで与え
られるものではなく」，「（政治家は有権者の支持に対して）支払って報い
るべきである」という，有権者の取引的でプラグマティックな考え方がク
ライエンテリズムを助長していると指摘する (Sukmajati 2016：53-57)。

（5）　クライエンテリズムの帰結②　汚職・癒着の蔓延

　クライエンテリズムがもたらす，より深刻な帰結は，汚職や癒着である。
スハルト体制期，大規模な汚職や癒着は権力ヒエラルキーの高いところで
起こるものと見なされ，民主化に伴って汚職は改善していくという期待が
あった。しかし，2003年に汚職撲滅委員会（KPK）が設立されて，政治

家や官僚が関わる大規模な汚職が次々と摘発されるようになり，腐敗認識
指数も多少は改善されたが，汚職そのものが減ることはなく，国民を失望
させている。

　数々の摘発を受けても汚職が減らない背景にはクライエンテリズムがあ
る。KPKやIndonesia Corruption Watch（ICW）は近年，選挙における有
権者の買収と，立候補に際して政党公認を受けるための政党への資金提供
が選挙費用を押し上げ，それが汚職につながっていることに警鐘を鳴らす
ようになった（Sjafrina 2019：46）。アスピノールらの調査によると，買
票の費用は2014年議会選挙時の中ジャワ・東ジャワの選挙区で400〜700万
円規模であり，中には1000万円以上を費やした者もいたという（Aspinall
et al. 2017）。政党公認料は政党や候補者によって異なるが，350万円とい
う事例が報告されている（Sjafrina 2019：48）。それ以外にも選挙にまつ
わる様々な費用があるが，上の2つが特に額が大きく，選挙費用を押し上
げる元凶となっている。

　インドネシアの政党は党員から党費を徴収せず，政府からの助成金もき
わめて少ないため，その財政基盤は脆弱である。組織運営の費用は富裕な
幹部のポケットマネーで賄われ，政党における資金の出入りは不透明であ
る（Faisal, Barid and Mulyanto 2018：277）。民主化後，資金力のある実
業家が党首になったり，大実業家の親族がいる，あるいは実業家と広い人
脈を持つ人物が党首になるという例が多くなった背景には，このような政
党の組織的な財政基盤の弱さがある。2004年以降，正・副大統領や地方首
長が公選制になったことで選挙の数は激増した。30以上の州，400以上の
県，90以上の市で首長選挙が行われ，2014年には村長選挙，隣組/町内会
の長を決める選挙まで始まった。政党がこれだけの数の選挙に対応して，
個々の候補者に資金援助することはほぼ不可能となった。逆に政党公認料
を立候補予定者から徴収し，党組織の運営費に充てている。

　大統領直接選挙制が導入された2004年以降，当選した大統領の与党を中
核とする連立政権がつくられるようになった。選挙時は野党だった政党も

大統領支持を表明して連立に加わる。連立に入った政党には閣僚ポストが
割り当てられ，省庁はその政党の管理下に置かれる。そして，省庁の予算
は横領され，政治家と癒着する企業に優先的にプロジェクトが提供され，
議員は選挙費用の支援を受けた企業に便宜を図るような法律を制定し，ア
カウンタビリティを顧みない政策立案・法整備が行われるようになった。
クリーンで知られた政党ですらこうした汚職・癒着の誘惑には勝てず，党
の幹部が逮捕された。こうした状況をふまえ，KPKのファイサルらは，
インドネシアにおいて政治汚職の原因になっているのは法執行の弱さでは
なく，政治家が選挙費用や政治活動のために資金を自前で調達しなければ
ならない現実にあると指摘する（Faisal, Barid and Mulyanto 2018：268）。

　政治家が違法な資金調達や癒着に走らないように，多くの国で政党への
助成金制度が設けられ，議席数などに応じて助成金が交付されている。
ミーツナーによると，民主化後のインドネシアでも2000年に政党助成金制
度がつくられ，2003年までは政党に十分な額の助成金が交付されていたが，
その後，助成額は激減した。汚職にまみれた政党に助成金を交付すること
は「法に則った略奪」であるとの理由で助成金を廃止するよう，市民団体
などが主張したからである。こうした民意を背景に助成額は1票につき
108ルピア（約1円）にまで減らされた。主要政党の一つである闘争民主
党でみると，1999年選挙時には選挙キャンペーンの総費用の52％が助成金
でまかなえていたが，2009年選挙には0.4％のみになったという
（Mietzner 2013：69-74）。2018年に助成金は1票1000ルピア（約10円）へ
と引き上げられたが，それでも十分ではない。KPKはむしろ政党助成金
を大幅に増額して監査を強化するか，政党支出をすべて国家の管理下に置
いて透明性を担保することで，買票などに関わる違法な支出を防止するこ
とを提案している（Faisal, Barid and Mulyanto 2018：278-284）。しかし
ながら，政党助成金の増額に対する国民の反対は強く，実現は容易ではな
い。[4]

（6）　有権者への政治教育

　民主化後のインドネシアでは主要政党のほとんどで幹部クラスが大規模な汚職で訴追されており，そのことは国民を大きく失望させた。ムジャニ，リドル，アンバルディは，継続して行ってきた世論調査の結果を使って有権者の投票行動を分析し，反汚職の態度を投票行動に反映させる批判的な有権者が育っていることを示した。有権者は第一次ユドヨノ政権（2004〜2009年）の汚職対策を評価し，2009年の議会選挙・大統領選挙では大統領の与党である民主党の勝利とユドヨノ再選へと導く投票行動を取った。しかし，第二次ユドヨノ政権（2009〜2014年）下で民主党幹部による大規模な汚職事件が立て続けに発覚すると，2014年の議会選挙で民主党は惨敗した。これについてムジャニらは汚職に批判的な有権者が投票行動に訴えて民主党を罰したと捉えている（Mujani, Liddle and Ambardi 2018）。

　しかし，上で述べた通り，政治家による汚職の背景には選挙費用拡大の原因となっている買票がある。買票が少なくならない限り，それを要因とする構造的な汚職が減ることはない。少しでも買票を減らそうと，選挙管理委員会（KPU）や選挙監視庁（Bawaslu）などの政府機関は有権者教育を始めた。「金は受け取っても，その人には投票しないで」というスローガンがパンフレットやテレビで流されるようになった（Tawakkal et al. 2017：318；Pradhanawati, Tawakkal and Garner 2019：20）

　タワッカルらは，こうした有権者教育をふまえて，2014年選挙の前に中ジャワで調査を行い，票を得るために金を配ることは正しいか正しくないかという認識と，提供された場合に金を受け取るか拒否するかという意思を人々に尋ねた。その結果，85％の人が「買票は正しくない」と答えたが，その半分以上にあたる，全体としては46.5％の人が「買票は正しくないが金は受け取る」と回答し，特に収入や学歴の低い人がこのような答え方をする傾向にあることを示した（Tawakkal et al. 2017）。プラダナワティらは，金を受け取っても自分の意思に従って投票することを「良心投票」

と呼び，中ジャワでの調査結果から，低収入であっても高学歴の人は「良心投票」を行う意思を示す傾向にあることを明らかにした（Pradhana-wati, Tawakkal and Garner 2019）。

　これらの研究は政府の行う有権者教育によって買票は正しくないという理解が広がりつつあることを示しているが，そもそもKPUのスローガンは恩恵の受け取りを減らすことをめざすものではない。恩恵を配る候補者に投票しないよう呼びかけて，候補者にその配布を断念させることを狙ったものである。このスローガンの背景には，教育レベルの低い有権者が貧しさゆえに金を受け取ってしまうのは仕方ないといった「割り切り」があり，タワッカルらの研究はそれを裏付けているように見える。しかし，ムフタディは，2014年に全国で行った調査の結果から，収入の多寡や教育レベルの高低は実際の恩恵の受け取りとはほとんど関係ないという結果を示している（Muhtadi 2019：96-97）。

　結局のところ，恩恵を受け取る人が減らなければ，候補者がその提供をやめることはない。恩恵の提供が行われれば，選挙費用が縮小されることはなく，汚職や癒着の改善は難しい。先に述べた通り，専門家の間ではこのことが指摘されるようになったが（Nasih 2013；Satria 2019；Sjafrina 2019），KPUのスローガンは依然として「金は受け取っても，その人には投票しないで」のままである。果たして，有権者はこの問題をどの程度理解しているのだろうか。次節以降で検証していきたい。

3　世論調査から見た金品を受け取る有権者の実態と政治的態度

　この節では2018年に行った世論調査の結果を使いながら，買票に関わる有権者の学歴・経済状態・職業や，政党支持理由，政党や議会への信頼度，民主主義への評価などを明らかにする。この世論調査はインドネシア全34州で無作為抽出された1501人を対象としたものであり，[5]クライエンテリズムの分析を主目的とした調査ではないが，金品の受け取りについても質問

しており，回答者の属性や政治的態度に関する質問への回答と組み合わせて検討することができる。

（1）　金品受け取り経験がある人の学歴・経済状態・職業

「これまでに選挙候補者やその支援者から金品を受け取ったことがあるか」という質問に「はい」と答えた人は765人（51.0％）であり，「いいえ」と答えた人は546人（36.4％），無回答は190人（12.7％）であった。受け取ったものの内訳（回答任意）は，基本食糧品と答えた人が347人（全体の23.1％），金銭と答えた人が237人（同15.8％）であった。

　金品を受け取ったことがある人と，ない人を，学歴，1カ月の支出額，[6]職業で比較したのが，図1，図2と表1である（この節の図表のデータはすべて世論調査結果に基づく）。まず学歴を見ると（図1），どの学歴層でも満遍なく受け取ったことのある人が多く，教育レベルが高くなるにつれて金品を受け取る人の割合は若干ながら増える傾向にある。図2を見ても，

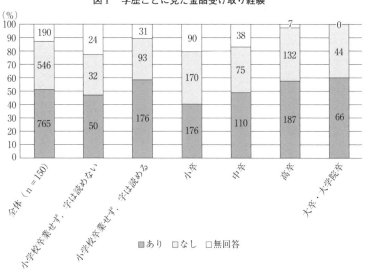

図1　学歴ごとに見た金品受け取り経験

図2　1カ月の支出額別に見た金品受け取り経験

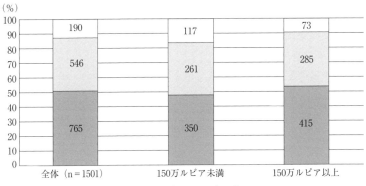

■あり　□なし　□無回答

表1　職業ごとに見た金品受け取り経験

	あり	なし	無回答
全体（n＝1501）	765（51.0%）	546（36.4%）	190（12.7%）
フォーマルセクター合計	109（60.2%）	64（35.4%）	8（4.4%）
公務員	7	18	0
専門職	7	4	0
民間企業従業員	55	26	8
教員	40	16	0
インフォーマルセクター合計	446（51.4%）	307（35.4%）	114（13.1%）
自営業者	102	84	32
商売人	69	63	8
農民	141	89	50
漁民	10	2	0
労働者/家政婦	124	69	24
主婦	155（46.5%）	124（37.2%）	54（16.2%）
求職者・学生・退職者合計	55（45.8%）	51（42.5%）	14（11.7%）
求職者	40	13	14
学生	10	19	0
退職者	5	19	0

　1カ月に150万ルピア以上支出している層とそれ未満の層とで差はなく，わずかだが前者の方が割合が大きい。ここから金品を受け取るのは，必ずしも学歴の低い貧しい人ばかりではないことがわかる。この点は，収入の多寡や学歴の高低は恩恵の受け取りとは関係ないとするムフタディの調査

結果と一致する。

　職業別に見ると（表1），フォーマルセクター労働者もインフォーマルセクター労働者も金品を受け取ったことがないと答えた人の割合が同じ（35.4％）であり，ここでも差がない。意外にも公務員以外のフォーマルセクター労働者で金品を受け取ったことのある人が多い。インフォーマルセクター労働者は総じて収入が不安定で貧しい人が多いため，金品を受け取る人の割合はフォーマルセクターに比べて大きいのではないかと考えていたが，そうではなかった。この点について，中ジャワで調査を行ったアミックの指摘によると，最底辺にいる労働者の中には，季節的に移動するような仕事の性格から金品を受け取ることができない人もいるという（Amick 2018：237）。このようなケースがあることを考慮に入れる必要がある。

（2）　金品受け取り経験がある人の政治的態度

　図3は，金品を受け取ったことがある人に，2014年選挙で投票した政党への支持理由を問うたものである。「党の指導者が好きだから」が354人（46.3％）で圧倒的に多く，次いで「イデオロギーが近いから」が139人（18.2％）であった。金品受け取りを意味する「贈り物をくれたから」は27人（3.5％）しかいない。つまり，金品を受け取っても，それがゆえに支持しているとは答えないのである。前節で見た通り，プラダナワティらは低収入であっても高学歴の人は「良心投票」の意思を示す傾向があることを明らかにした。図3における「贈り物をくれる」「ボスの指示」「無回答」以外を「良心投票」と見なし，それらを除く641人について支出額別・学歴別に見ると，支出額別では150万ルピア以上が353人，それ未満が288人，学歴別では高卒レベル以上が214人，以下が427人であった。実際には，貧富の差や学歴に関係なく「良心投票」が行われていると見ることができる。

　図4と図5は金品受け取り経験の有無別に見た政党と国会への信頼度である。これを見ると，金品を受け取ったことのある・なしにかかわらず，

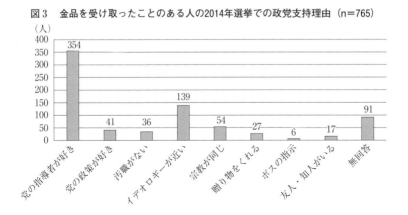

図3　金品を受け取ったことのある人の2014年選挙での政党支持理由（n＝765）

図4　金品受け取り経験の有無別に見た政党への信頼度（n＝1501）

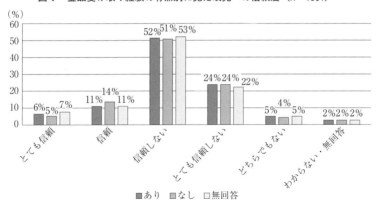

政党と国会への信頼が著しく低いことがわかる。受け取ったことのある人で政党を「とても信頼」「信頼」している人は131人（17%），国会を「とても信頼」「信頼」している人は147人（19%）しかおらず，政党を「信頼していない」「とても信頼していない」人は580人（76%），国会を「信頼していない」「とても信頼していない」人は488人（64%）もいる。受け取っていない人の傾向もほとんど同じであった。

　図6はインドネシアの民主主義の現状をどのように評価しているかを，

図5　金品受け取り経験の有無別に見た国会への信頼度（n＝1501）

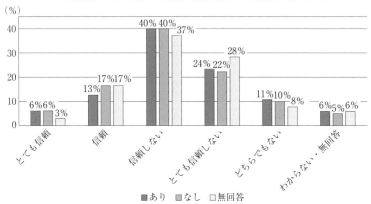

図6　金品受け取り経験の有無から見た民主主義の現状（n＝1501）

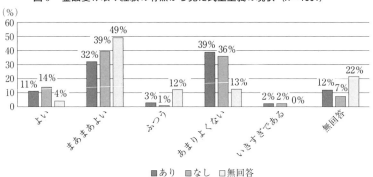

金品を受け取った経験のある・なしで分けて集計したものである。民主主義の現状を肯定的に捉えている（「よい」「まあまあよい」）人は，金品を受け取ったことのある人で335人（43％），ない人で290人（53％）おり，10ポイントの差で後者の方が多い[7]。民主主義の現状を否定的に捉えている（「あまりよくない」「いきすぎである」）人は，受け取ったことのある人で315人（41％），ない人で211人（38％）であり，3ポイントの差で前者の方が若干多い[8]。

図7　金品受け取り経験の有無別に見た民主主義の現状に否定的な人が挙げる理由
（n＝526）

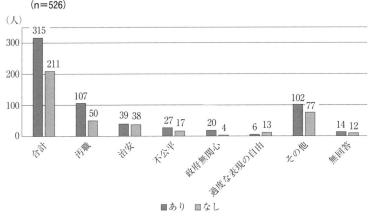

図7は，民主主義の現状に否定的な回答を行った526人にその理由を尋
ね，金品を受け取った経験のある・なしで分けて集計したものである。合
計を見ると，金品を受け取った経験のある人の方が，受け取ったことのな
い人よりも100人以上多いことがわかる。両者とも最も多かった答えは
「民主主義によって汚職が拡大したから」（157人）であり，金品を受け
取ったことのある人は107人で，受け取ったことのない50人よりも2倍以
上である。2番目に多かった答えは「民主主義によって治安や秩序が乱れ
たから」（77人）で，両者の数はほぼ同じであったが，金品を受け取った
ことのある人は他にも様々な理由を挙げており，民主主義の現状に批判的
な傾向が見て取れる。
　恩恵を受け取る人についてムフタディは，教育レベルや経済レベルに特
定の傾向はないと述べ，恩恵を受け取るのは貧しい，あるいは教育レベル
の低い人であるという定説とは異なる調査結果を示しており，それは本調
査の結果とも符合している。彼はまた，政治的態度について政党への帰属
意識が強い人の方が金品を受け取る傾向にあることを明らかにしている
（Muhtadi 2019：94-103）。本調査では政党への帰属意識については質問
していないが，代わりに政治的態度として政党支持理由や政党・国会への

信頼度，民主主義の現状に対する評価などについて尋ねた。その結果から，金品を受け取った人のほとんどがそれを理由としてその政党を支持しているわけではないこと，政党政治家や国会議員に対する不信感が強いこと，そして金品を受け取ったことがない人よりも民主主義の現状を肯定的に捉える人が少ない傾向にあること，民主主義の現状を否定的に評価する理由として汚職の蔓延を挙げる人が多いことが明らかになった。インドネシアの民主主義を損なっているのは汚職であると感じており，汚職ゆえに政治家や国会議員を嫌っている。このことはムジャニらが示した有権者の反汚職的な態度とも重なる。しかし，有権者は政治家による金品の配布が，自分達の嫌う汚職につながっているとの認識を持っているのであろうか。

4　インタビュー調査から探る有権者の買票・汚職認識

　上のような疑問について有権者の認識を探りたいと考え，2022年2月に100人の回答者に対して行ったインタビュー委託調査の中に次のような質問を盛り込んだ。

① 「パンデミックが始まる以前，政治家やそのチームから支援を受け取ったことがあるか」「もし受け取ったことがあるなら，あなたはその人を支持するか」「支持するなら，その理由は何か」「支持しないのなら，その理由は何か」「政治家が支援を配布するのは選挙に立候補するために人々から親近感を得ようとしてのことだと思うか」
② 「政治家やそのチームが自分の選挙区で支援や恩恵を配ることは，その資金調達のために政治家が汚職に手を染めることを促すことになると思うか」

　これは質的調査であり，インタビュー内容を分析することで支援を配布する政治家への認識や，支援配布と汚職をめぐる認識を検討することに主

眼を置いたものである。この調査では「金品」ではなく「支援や恩恵」という言葉を使った。有権者が政治家から何をどのように受け取っているのかを把握するためである。以下では，その結果を明らかにしていく。

（1）　支援の受け取りと政治家への支持

　まず，①の質問「政治家から支援を受け取ったことがあるか」に対する回答である。この質問に対して「ある」と回答した人は16人であった。[10] 彼らはすべて高卒か大卒（ディプロマを含む）であり，学歴は低くない。彼らの中で，支援を提供した政治家を「支持する」と答えたのは 6 人であり，残りの10人は「支持しない」と答えた。支援を受け取っても「支持しない」理由は，「支援を受け取ることと選挙権をどう行使するかは別である」（ 5 人），「受け取ってもその政治家がよくないなら支持しない」（ 3 人）であり，恩恵の受け取りと投票行動とを意識的に分けていることを示す内容であった。[11]

　「支持する」と答えた人の理由は，「支援を提供された近隣住民が支持したので私もそれに同調した」，「皆で使う施設への支援で，地域住民は彼を信頼している」，「彼は地域住民を案じてくれる」，「地域住民に必要があれば手を差し伸べてくれる。プンガジアン（住民が共同で開くイスラーム勉強会）を支援してくれて，とても助かった。夫に稼ぎがなくても奥さんが支援をもらえるので近所で揉め事が起こらなくなった」，「（政党と政治家の具体名を挙げて）障がい者を非常に気にかけてくれる」（この回答者は社会保障プログラムの地域スタッフ）といった理由を挙げている。政治家が選挙区の地域住民に寄り添い，私的財，クラブ財，公共財など多様な財を，住民のニーズに合わせて提供していることが有権者の支持の理由になっていることがわかる。

　第 2 節で述べたようにヒッケンとナザンは，集票につながらなくても政治家は「信頼購入」のために恩恵提供をやめるわけにはいかないと主張するが，前節で見た通り政治家や議員への信頼は総じて低く，それは「政治

家が支援を配布するのは選挙に立候補するために人々から親近感を得よう
としてのことだと思うか」という質問に対する回答者の次のような言葉に
も表れている。「（政治家は）支援で民衆の気を惹こうとするが，当選した
ら（私たちのことは）もう思い出さない」，「（支援配布は）立候補のため
の支持集めで，自分の利益のためだ」，「彼がくれるのはたった１回きり，
（選挙後は）もうくれることはない」，「支援はとても戦略的なものだ。支
援は（当選のために）とても手っ取り早い方法だから」，「本当に住民を助
けようというつもりがあるのなら，なぜ１カ月に１回すら（支援が）無い
んだ」。

　これらの言葉に代表されるように，約６割の回答者が政治家の支援は立
候補や当選のため，つまり自分達の利益のために行っていると答えており，
単発的な恩恵供与が政治家への信頼を醸成しているようには見えない。そ
のような取引的な候補者に対しては有権者の方も取引的な態度で応じ，そ
れが有権者の恩恵受け取りと投票行動の意識的な切り離しにつながってい
るのではないだろうか。そして，先にも述べた通り，選挙のない時期にも
選挙区を頻繁に訪れ，有権者の声を聞き，彼らの望むものを提供する政治
家に対しては，提供される財の種類やその額にかかわらず，有権者がそれ
を恩義に感じ，信頼を寄せることが見て取れるのである。

（２）　買票と汚職との結びつきに関する認識

　恩恵を配布する政治家への支持や不支持の理由について有権者が意識的
であるにしても，選挙前に金品が提供され，それを有権者が受け取るとい
う慣行が蔓延している現実は変わらない。KPUによる「金は受け取って
も，その人には投票しないで」というスローガンは，金品受け取りを防ぐ
という点ではほとんど効果はない。買票と汚職との関係を論じたサトリア
はKPUの有権者教育は十分でないと主張し（Satria 2019：8-12），ICWの
シャフリナも金権政治の危険性と選挙費用の高さが汚職に結びつくことを
庶民にわかりやすく伝えることが必要であると指摘する（Sjafrina 2019：

51)。この両者の議論はKPKのアカデミック・ジャーナルで展開されており，政策提言的な意味も持つ。

　このような背景に基づき，②の質問である「政治家やそのチームが自分の選挙区で支援や恩恵を配ることは，資金調達のために政治家が汚職に手を染めることを促すことになると思うか」への回答を検討しよう。この質問に「そう思う」と答えた人は39人，「そう思わない」と答えた人は14人，「わからない」と答えた人は44人であった。「そう思う」「そう思わない」両方の回答者にそれぞれ理由を尋ねている。

　「そう思わない」と答えた人の多くが理由として，「政治家は選挙を自前の資金で賄っている」，「支援を配れるくらいに豊かな人である」と答えており，他は「食糧品を地域社会で配布するくらいであれば，額はそれほど大きくないはずだ」，「支出を補填する予算や手当があるのではないか」という答えであった。

　「そう思う」と答えた人の理由を分析してみると，質問の意図を理解して答えた人と，そうでない人がいることがわかった。質問の意図を理解している人の回答はほぼ共通しており，「有権者に提供される支援のための費用は自前の資金で賄えるような額ではなく，当選したあとで資金を取り戻そうとし，それが汚職につながる」という内容であった。39人中24人がおおよそこのように回答しており，たとえこのような議論に初めて触れたのだとしても，彼らは金品の受け取りが大規模な汚職につながる仕組みを理解していると言える。

　それに対して，質問の意図を理解していない回答者は，（政治家は）「欲望に身を委ねて汚職に走っている」，「不正直だから人々を買収する」と述べ，政治家の強欲や不正直と汚職とを結びつけて答えている。おそらく，これは彼らが聞き慣れ，語り慣れている「政治家と汚職」言説なのだろう。政治家への嫌悪が先に立ち，汚職が起こる仕組みについて考えをめぐらそうとする態度は窺えない。質問の意図を理解する・しないに教育レベルの差はなく，小卒・中卒者でも質問の意図を理解する人はおり，大卒者でも

理解しない人はいた。

　また，「わからない」と答えた人が44人いるということも重要である。これまでKPUの有権者教育は買票のガバナンスや汚職への影響について十分に説明するような内容ではなく，本調査によって恩恵の提供と汚職とのつながりが有権者にあまり理解されていない実態が明らかになった。マス・メディアでもこの問題はあまり取り上げられてこなかったとの指摘もあり[12]，そうであれば「わからない」という回答が多いことは当然かもしれない。しかし，政府やメディアによって周知されていないにもかかわらず，一定数の有権者がこの問題に理解を示し，しかもそこには小卒・中卒が含まれ，教育レベルが必ずしも高くない有権者にも理解可能な問題であると見ることができる。

5　クライエンテリズムをいかに克服するか

　本稿は，インドネシアのクライエンテリズムについて，特に買票を中心としながら，これまで展開されてきた先行研究を紐解いて，単発型で需要主導的な特徴や，有権者の投票行動とクライエンテリズムやガバナンスのあり方について説明した。その上で，世論調査とインタビュー調査の結果を使いながら，恩恵を受け取る人々の教育・経済レベルや政治的態度，恩恵配布と政治家，汚職に関する認識などについて探った。

　本稿が明らかにしたのは，一つには恩恵を受け取る有権者とその政治的態度である。高学歴で一定の経済レベルにある人も少なからず恩恵を受け取っており，恩恵を受け取る人は政治家や国会議員に不信感を持ち，恩恵受け取りと投票行動とを切り離そうとする態度を見せ，インドネシアの民主主義を損なっている原因は汚職であると考える傾向にある。彼らは政治のあり方に対して無批判ではなく，むしろ批判的な人々である。

　もう一つ本稿が明らかにしたのは，有権者の，恩恵を提供する政治家への認識，そして恩恵提供と汚職とのつながりをめぐる認識である。恩恵の

提供が汚職につながっていることを認識する有権者は決して多くない。しかし，政府やメディアによる有権者教育が不十分でありながらも，そして教育レベルの高低にかかわらず，この問題を理解できる有権者が一定数いることが明らかになった。実際に，専門家は有権者が候補者から金品を受け取ることが大規模な汚職の一因になっていることを理解させるような有権者教育の必要性を提言している。インドネシアのクライエンテリズムは政党が投票行動を拘束することの少ない単発型であるため，効果的な有権者教育が行われれば，選挙前に恩恵を受け取る行動を改める有権者は一定程度いるだろう[13]。

　選挙前の金品提供は必ずしも政治家への信頼にはつながっておらず，日常的な有権者との交流に基づく恩恵の供与が政治家への信頼につながることも本稿の議論から見えてきたことである。クライエンテリズムは政治家と実業家との癒着を助長し，法制度や政策の立案・実施に負の影響を与え，政党や政治家に対する国民の信頼を失墜させて，インドネシアの民主主義に行き詰まりをもたらしている。この問題をいかに克服するかが，インドネシアのガバナンスや民主主義の行方を左右する。特にクライエンテリズムに伴う政治家不信は選挙の正統性を侵食し，代表制の根幹を揺るがしかねない。選挙前の金品提供は有権者の信頼獲得にはつながらず，むしろ有権者との日常的な対話や交流に基づく支援こそが信頼獲得につながるという理解に基づいて，政党や政治家が政治活動の軸足を変えていくことができれば，政治家と有権者との取引的な関係を転換させていく余地はあるだろう。

　謝辞：本稿は，文部科学省科学研究費補助金（新学術領域研究）「グローバル秩序の溶解と新しい危機を超えて：関係性中心の融合型人文社会科学の確立」（課題番号16H06547）の助成を受けて2018年に行った世論調査の結果に基づいている。また，2人の匿名査読者からはきわめて的確なコメントを数多く頂戴した。心から感謝の意を表する。

注

1 ）　これは対オランダ独立戦争時にスハルトが武功を上げたゲリラ作戦を呼ぶ名称である。

2 ）　スクマジャティらはキッチェルトやシャッファーの議論に基づいて，政策とポークバレルをプログラマティック，パトロネジと買票をクライエンテリスティックと位置付けた上で，キャンペーン期間から投票日までに行われる恩恵提供は非合法な買票にあたり，時期にかかわらずいつでも提供され得るパトロネジは非合法とグレーゾーンであるとしている。ポークバレルについても合法・非合法両方あるとする（Sukmajati 2016：28-29）。いずれにしても，インドネシアの法律で違法とされているのはキャンペーン期間中や投票日の恩恵提供である。

3 ）　特に民主化後も存続したゴルカル党は1999年選挙時にかなりの金品をばら撒き，民主化後の金権政治の素地をつくったと言える（Yanuar 2001）。

4 ）　例えば，2018年 1 月11日付DetikNewsの政党助成金改訂に関する大統領令について伝えるニュースに対するコメント欄には，それを非難するコメントが並んでいる。（https://news.detik.com/berita/d-3809451/pemerintah-terbitkan-pp-kenaikan-dana-parpol-10-kali-lipat　2022年 3 月29日閲覧）。

5 ）　この世論調査は，新学術領域研究科学研究費助成事業「グローバル秩序の溶解と新しい危機を超えて：関係性中心の融合型人文社会科学の確立」プロジェクトの一環で，研究パートナーであるミヤ・ロスティカの協力を得て，インドネシアの世論調査会社MEDIANに委託して，2018年 1 月24日から 2 月14日にかけて行ったものである。全34州で人口数に比例して無作為抽出した17歳以上の1501人を対象に，支持政党，国家制度への信頼，メディア，民主主義への解釈，アイデンティティ，外国への好悪，脅威など多岐にわたる162の質問について調査員が回答者に対面インタビューを行った。この調査の結果の記述統計については，増原（2021）を参照。

6 ）　この調査では回答者の経済状態を 1 カ月の支出額で尋ねた。回答の選択肢として「690万ルピア以上」もあったが，これを選んだ回答者が非常に少なかったので「150万ルピア以上」に組み込んだ。150万ルピアは当時のレートで 1 万5000円弱であり，どこの地域で見ても最低賃金レベルかそれ以下である。

7 ）　無回答は102人（53％）である。

8 ）　無回答は24人（13％）である。

9 ）　この調査は，ミヤ・ロスティカとの協力のもと，インドネシアのリサーチ系コンサルタントに委託して，コロナ禍におけるインドネシア社会の変容について把握するために，2022年 2 月にジャワ島各州，バリ州，西スマトラ州，東ヌサトゥンガラ

州で合計100人に対して行ったインタビュー調査である。この調査は世論調査では
なく，回答者は無作為抽出されていない。むしろ，多様な職業や境遇の人を回答者
として選んだ。なお，この100人は2018年の世論調査の回答者とは別である。

10)　2018年の世論調査と比べると，この調査で「受け取ったことがある」と答えた人
は少ない。世論調査では回答者は無作為に選ばれ，調査員と回答者は顔見知りでは
なく，社会的関係のない調査員に対して回答者は金品の受け取りについて正直に答
えられる環境にあったと考えられる。2022年の調査では回答者は無作為に選ばれて
はおらず，コロナ・ウイルスの感染拡大による移動や通信の制約があったため，調
査員には無理のない範囲で調査を行ってもらった。その結果，回答者の一定数が調
査員の顔見知りとなり，政治家から支援を受けたとは答えにくい回答者が多かった
のではないかと考えられる。

11)　他の理由は「面倒なので選挙に行かなかった」，「ただ金がほしかっただけ」であ
る。

12)　本インタビュー調査を請け負ったコーディネイターより。

13)　有権者への選挙教育が買票を抑える効果があるかという問題については，各国で
クライエンテリズムや買票，選挙教育のあり方が異なるため，ここで他国の事例の
議論を展開することは難しく，稿を改めて議論した方がいいだろう。KPUの「金
は受け取っても，その人には投票しないで」というスローガンの是非については論
争的であるが，ウガンダでも同じようなスローガン（"Eat widely, vote wisely"）
が使われていることは指摘しておきたい。このスローガンに基づく選挙教育が大掛
かりに行われたウガンダでは，与党の贈り物だけを受け取ることに拘束されず野党
からも贈り物を受け取る有権者が増え，有権者教育には一定の有効性があったとい
う（Blattman et al. 2020）。インドネシアではそもそも政党が有権者の投票行動を
拘束することは少なく，有権者が比較的自由に一票を投じることのできる環境にあ
る。「金を受け取らないで」という趣旨のスローガンが今後出されるとすれば，そ
れが実際の投票行動に影響を与えるか否か，その有効性を検討することは意味があ
ると思われる。

参考文献

Amick, Joe (2018) "Missing the Poorest in Rural Areas? Targeting Low Income
　Voters in Mayoral Elections," *Journal of East Asian Studies* 18 : 229-253.

Aspinall, E. and M. Sukmajati (eds.) (2016) *Electoral Dynamics in Indonesia :
　Money Politics, Patronage and Clientelism at the Grassroots.* Singapore : NUS

Press.

Aspinall, E., N. Rohman, A. Z. Hamdi, Rubaidi, and Z. E. Triantini (2017) "Vote Buying in Indonesia : Candidate Strategies, Market Logic and Effectivity," *Journal of East Asian Studies* 17 : 1-27.

Aspinall, E. and W. Berenschot (2019) *Democracy for Sale : Elections, Clientelism, and the State in Indonesia.* Ithaca : Cornell University Press.

Aspinall, E. and A. Hicken (2019) "Guns for Hire and Enduring Machines : Clientelism beyond Parties in Indonesia and the Philippines," *Democratization* 27 (1) : 137-156.

Blattman, C., H. Larreguy, B. Marx, and O. Reid (2020) "Eat Widely, Vote Wisely? Lessons from a Campaign against Vote Buying in Uganda," CEPR Discussion Paper No. DP14919, National Bureau of Economic Research.

Faisal, B. Barid, dan D. Mulyanto (Komisi Pemberantasan Korupsi) (2018) "Pendanaan Partai Politik di Indonesia : Mencari Pola Pendanaan Ideal untuk Mencegah Korupsi," *Integritas* 4(1) : 265-287.

Hicken, A. and N. L. Nathan (2020) "Clientelism's Red Herrings : Dead Ends and New Directions in the Study of Nonprogrammatic Politics," *Annual Review of Political Science* 23 : 277-294.

Kitschelt, H. and S. I. Wilkinson (2007) "Citizen-politician Linkages : an Introduction," in H. Kitschelt and S. I. Wilkinson (eds.) *Patrons, Clients, and Policies : Patterns of Democratic Accountability and Political Competition* : 1-49. Cambridge : Cambridge University Press.

Lyne, Mona M. (2007) "Rethinking economics and Institutions : the Voter's Dilemma and Democratic Accountability," in H. Kitschelt and S. I. Wilkinson (eds.) *Patrons, Clients, and Policies : Patterns of Democratic Accountability and Political Competition* : 159-181. Cambridge : Cambridge University Press.

Lyne, Mona M. (2008) *The Voter's Dilemma and Democratic Accountability : Latin America and Beyond.* Pennsylvania : The Pennsylvania State University Press.

増原綾子（2010）『スハルト体制のインドネシア──個人支配の変容と一九九八年政変』東京大学出版会。

増原綾子（2021）「インドネシアにおける世論調査──データとその解釈」『国際関係紀要』第30巻第1・2合併号，451-505ページ。

Mietzner, Marcus (2013) *Money, Power, and Ideology : Political Parties in Post-*

Authoritarian Indonesia. Honolulu : University of Hawai'i Press.

Muhtadi, Burhanuddin（2019）*Vote Buying in Indonesia : The Mechanics of Electoral Bribery*. Singapore : Palgrave MacMillan.

Mujani, S., R. W. Liddle and K. Ambardi（2018）*Voting Behavior in Indonesia since Democratization : Critical Democrats*. Cambridge : Cambridge University Press.

Nasih, Mohammad（2013）"Berpolitik Tanpa Politik Uang,"（http://www.dpr.go.id. minangwan-seminar-MENANG-PEMILU-TANPA-POLITIK-UANG-1427269110.pdf 2022年4月16日閲覧）。

Pradhanawati, A., G. T. I. Tawakkal and A. D. Garner（2019）"Voting Their Conscience : Poverty, Education, Social Pressure and Vote Buying in Indonesia," *Journal of East Asian Studies* 19 : 19-38.

Robison, R. and V. R. Hadiz（2004）*Reorganizing Power in Indonesia : The Politics of Oligarchy in an Age of Markets*. London : RoutledgeCurzon.

Satria, Hariman（2019）"Politik Hukum Tindak Pidana Politik Uang dalam Pemilihan Umum di Indonesia," *Integritas* 5(1) : 1-14.

Shin, Jae Hyeok（2015）"Voter Demands for Patronage : Evidence from Indonesia," *Journal of East Asian Studies* 15 : 127-151.

Sjafrina, Almas Ghaliya Putri（2019）"Dampak Politik Uang terhadap Mahalnya Biaya Pemenangan Pemilu dan Korupsi Politik," *Integritas* 5(1) : 43-53.

Stokes, S., T. Dunning, M. Nazareno, and V. Brusco（2013）*Brokers, Voters, and Clientelism : The Puzzle of Distributive Politics*. Cambridge : Cambridge University Press.

Sukmajati, Mada（ed.）（2016）*Partai Politik, Uang, dan Pemilu*. Institute for Research and Empowerment.

Tawakkal, G. T. I., W. Suhardono, A. D. Garner and T. Seitz,（2017）"Consistency and Vote Buying : Income, Education, and Attitude about Vote Buying in Indonesia," *Journal of East Asian Studies* 17 : 313-329.

Winters, Jeffrey（2011）*Oligarchy*. Cambridge : Cambridge University Press.

Yanuar, Y. B. Purwaning M.（ed.）（2001）*Partai Golkar Digugat*, Jakarta : O.C. Kaligis & Associates.

Yıldırım, K. and H. Kitschelt（2020）"Analytical Perspective on Varieties of Clientelism," *Democratization* 20(1) : 20-43.

（ますはら・あやこ：亜細亜大学）

リヒテンシュタイン侯国におけるクライエンテリズム
——君主制と民主主義との共存について——

今野　元［愛知県立大学］

1　君主制は民主主義といかに共存してきたか

　いまクライエンテリズム[1]の論じ方が変化している。かつてそれは，南欧や日本を念頭に，公明正大な秩序として理想化された西欧モデルから逸脱した，歪んだ恩顧支配として批判的に位置付けられてきた（篠原 1991；小林 2000）。だが最近は新興国の研究で，クライエンテリズムを「パトロネージ・デモクラシー」，「非公式の政治」などと呼んで，人間社会の現実として受け止める動きが出てきた（Aspinall and Berenschot 2019）。民主主義の多様な実現形態を見るためには，特定のモデルを価値基準として正統と異端とを分けるという議論は再考する必要があり，そのためにクライエンテリズムの扱い方も従来とは異なったものにならざるを得ない。

　そこで本稿では，欧州民主主義の多様な発現形態を見るための一契機として，リヒテンシュタイン侯国のクライエンテリズムを取り上げる。アルプス山中の小国で人口4万弱のリヒテンシュタイン侯国（以下侯国とも）では，2021年10月26日に，「民主主義」を初めて明記した1921年憲法の百周年式典を挙行した。リヒテンシュタインは直接民主制と間接民主制とを併用する君主国だが，その元首であるリヒテンシュタイン侯[2]は，現行の1921年憲法で法律拒否権，緊急事態権など広範な権限を有し，実際それを行使している。また侯家はその資産総額が約30億ユーロともいわれ，侯国から財政的に独立している。さらに2003年3月に現侯ハンス = アダム二世

は，君主免職，君主制廃止，希望する基礎自治体の国家脱退を制度化する
のと引き換えに，君主の侯国政治における最終決定権を確認・強化する侯
国憲法改定を実現した。2012年夏，侯国で市民運動「そう，それで君の一
票が意味を持つ」が，この侯及び侯代行の国民投票結果に対する拒否権の
廃止を求める国民発案を提起した（議会決議に対する拒否権は廃止提案対
象外）が，国民投票（投票率82.9％）の結果は反対多数（76.1％）となっ
た。同年 7 月 1 日，ドイツ連邦共和国の政治雑誌『デル・シュピーゲル』
は，侯国民が古い秩序の維持を望んだと，皮肉を込めてこの件を報じてい
る（Spiegel 2012；遠藤 2015；齋藤 2012）。

　君主制といえば，今日では民主主義を尊重することで辛うじて命脈を
保っているのが通常だが，家産制的な性格の強い君主制と民主主義とがこ
のように結びついた形で，なぜリヒテンシュタインは安定した政治を行っ
ているのか。先行研究のうち，歴史研究では，侯国の君主制の特徴につい
て様々な言及がなされつつも，この問いについては自覚的な考察がされて
こなかった（植田 1999；Geiger 2000a；Geiger 2000b；Geiger 2010a；
Geiger 2010b；Beattie 2015）。比較政治研究では，同国のエリート層への
インタヴューに基づいて，強い君主制が存続する理由を探求した研究が出
た。この研究は，いまも社会に根を張る地縁・血縁関係が君主制を支える
基盤であることを示した点で興味深いが，領土規模の小ささと民主主義と
の相関性という特定の分析枠組に固執し，考察を現代に絞るあまりヒト
ラー政権との関係すら度外視するなど，歴史的経緯が軽視されている
（Veenendaal 2014）。この研究に応答して君主側の自己抑制を強調した論
文もあるが，視野狭窄は何ら改善されていない（Wolf 2015）。政治思想研
究では，著書『三千年紀の国家』に現れたハンス＝アダム二世の国家構想
の分析がなされたが，そうした思想が生まれた歴史的経緯の説明が十分で
ない（今野 2021）。本論では，建国以来のリヒテンシュタイン国制の歴史
的変遷を追い，その300年の歴史のなかで，いかに君主制と民主主義とが
共存してきたかを見ていきたい。[3]

2　隔絶・緊張した君民関係

（1）　ハプスブルク貴族と遠隔の領地

　リヒテンシュタイン家はバイエルンからエステルライヒ（英語でオース
トリア）に入った一族で，最終的にハプスブルク家に仕えた。同家はベー
メン・メーレン（英語でボヘミア・モラビア）にも領地を広げ，アイスグ
ループ，フェルツベルクを本拠とした。宗教改革では，同家はプロテスタ
ンティズムに帰依し，さらにレオンハルト一世は洗礼運動指導者のバルタ
ザール・フープマイヤーを，ハルトマン二世はフラキウス派，メーレン兄
弟団，フッター派を庇護した。だがそれではベーメン王位を獲得したハプ
スブルク家への奉仕に支障があるため，同家はカトリシズムに復帰した上
で，逆にハプスブルク家のベーメンでの再カトリック化政策の先頭に立っ
て，帝国侯爵位を得た。このことは，同家が外部勢力の暴虐な代官だった
という印象を強めたため，20世紀になって同家がチェキア民族の敵として
所有地を没収される遠因ともなった。同家のアントン・フロリアンは，墺
廷臣でありながら，帝国議会に代表権を有する帝国君主ともなった
（Dopsch/Stögmann 2011；Hörrmann 1988；Beattie 2015：9-18）。

　リヒテンシュタイン家は帝国議会への代表権を獲得するために，帝国直
属領たるリヒテンシュタイン侯国を準備した。この地はファドゥーツ伯領
（高地）・シェレンベルク（低地）からなっている。だがメーレンに主な領
地があり，ヴィーン宮廷で奉仕するリヒテンシュタイン侯は，代官に統治
を委ねた。リヒテンシュタイン侯国はハプスブルク世襲領とは別箇の領邦
であるため，リヒテンシュタイン侯家では主に当主以外の侯子がハプス
ブルク家に奉仕するようになる。アントン・フロリアンの甥ヨーゼフ・ヴェ
ンツェル侯子は，墺軍砲兵隊の改革者となった。ただアントン・フロリア
ンの子，孫が次々に早世したため，ヨーゼフ・ヴェンツェルは自らリヒテ
ンシュタイン侯となる（Rudersdorf 1988）。のちフランス革命期のヨハ

ン・ヨーゼフ侯子は，対仏同盟戦争で墺軍を率いたが，リヒテンシュタイ
ン侯は兄のアロイス一世であった。ただ1805年に兄が子供のないまま薨去
したため，彼がリヒテンシュタイン侯ヨハン一世となった（Schmidt
1988）。

（2）　主権国家としての発展

　1806年 7 月，侯国はライン同盟に編入され，主権国家となった。仏帝ナ
ポレオン一世は神聖ローマ帝国の破壊を企て，自らを庇護者とするライン
同盟にドイツ中小領邦を組み入れたが，その際にリヒテンシュタイン侯国
をも加えた。ヨハン一世は自領邦のライン同盟への編入を黙認したが，エ
ステルライヒ廷臣であり続けることを望み，当時 3 歳の子供カール・ヨハ
ンに侯位を（名目上）譲ると宣言した。ヨハン一世は1809年まで墺軍務に
就き，解放戦争が始まった1813年に息子から侯位を取り戻した（Schmidt
1988：407-418；Beattie 2015：24-25；Oberhammer 1985）。

　侯国は，1815年 9 月 1 日に発足したドイツ連邦の最小構成国となり，連
邦規約第13条でlandständische Verfassungの制定を義務付けられた。こ
れは玉虫色の表現で，一応身分制議会の設置を意味すると言えるが，エス
テルライヒ帝国やプロイセン王国は憲法を制定しなかった。ヨハン一世は
1818年11月 9 日，17箇条のリヒテンシュタイン侯国憲法を欽定した。この
憲法は，「ドイツ帝国の結合解消」以来，侯国では墺民刑事法及び裁判規
則を導入し，第三審・最高審の裁判所を構成する際も墺の立法に倣うと宣
言し（第 1 条），領邦諸身分が聖職者及び領民からなるとし（第 2 条），両
者からなる「領邦諸身分集会」を設置した（領邦議会とも）。この諸身分
集会の議長は，「朕の侯監察官」としての領邦代官だとされた（第 9 条）。
諸身分集会の任務は侯の提示する予算案の審議で，立法や対外政策への提
案は「他のより強大なドイツ諸国との共通諒解に基づき」許されなかった。
諸身分集会は公共の福祉のための提案を奏上することもできたが，その提
案を裁可するか否かは侯に委ねられていた（第11〜16条）（Beattie 2015：

26-27；Quaderer 1969：16-40；Liechtenstein 1818；Wille 2011)。

　アロイス二世（1796〜1858年）は，1836年に父ヨハン一世の侯位を継いだ。1840年，アロイス二世は侯国代表団から，領邦議会における人民代表を拡大し，軍事負担を軽減するよう請願を受けたが，これを却下した。1842年，アロイス二世は侯として初めて侯国を訪れて歓迎を受け，1847年にも洪水対策で侯国を訪れた。1848年革命に際し，侯国では代官を追放し，「代官」という呼称をも廃止する動きが起き，フランクフルト国民議会にも2人の代表を送った。侯国におけるドイツ国民意識の高揚は，エステルライヒへの反撥の表現であった。さらに侯国民は，侯に君民同治，首相の議会に対する責任，男子普通選挙などを明記した憲法案を提案した。アロイス二世は侯の拒否権には固執しつつこの憲法案を受け入れたが，エステルライヒがいったん制定した憲法を廃止すると，1852年の勅令で1818年憲法を復活させた。1852年，アロイス二世は侯国とエステルライヒとの関税協定を結んだ（Geiger 2000a：52；Beattie 2015：26-31；Oberhammer 2011a)。

　1858年に即位したヨハン二世（1840〜1929年）は，生涯に7回侯国を訪れた。エステルライヒが1860年に立憲君主制化に踏み出すと，1862年9月26日にヨハン二世は新しい憲法を発布した。この憲法では，上諭で「朕の侯国の臣民の福祉及び幸福」が「朕の常なる努力及び国父としての配慮の目標」であり，諸身分の同意を得て憲法を発布すると宣言された。条文では，ファドゥーツ伯領・シェレンベルクからなる侯国が「不可分で抛棄されえない全体」であり，「それ自体としてドイツ連邦の一構成部分」だとされたあと（第1条），侯は「国家権力のあらゆる権利を一身に統合し，それを現憲法典の規定に基づいて行使する国家の元首」だと明記され，その人格は「神聖にして不可侵」だとされた（第2条）。一方で政府や男子普通・間接選挙に基づく公選制・一院制議会が設けられ（第55〜88条など），条約・法律・課税・徴兵はこの議会の協力を得なければならないことになり（第23・24・40条など），全ての法律，命令のみならず侯及び摂

政の勅令には侯国在住の担当官吏の副署が必要になり（第29条），また臣民の各種基本権が初めて規定され，そのなかには議会への請願権も含まれていた（第8〜20条など）。他方でリヒテンシュタイン侯は閣僚の任命権，軍隊編成等に関する排他的権利，議会の閉鎖権を保持し（第27・38・105条），議会の議員（15名）のうち3名を自ら選んで任命することができ（第55条），また「侯は緊急時には国家の安全及び福祉のために必要な予防措置を講じる」としていた（第24条）（Beattie 2015：30-32；Liechtenstein 1862；Oberhammer 2011b；Wille 2011）。

かねてから疎遠だった侯家と侯国との関係は，1866年のドイツ戦争（普墺戦争）を契機に一気に緊張した。侯国は人口7500程度の国土から，200人ほどの分担兵力をドイツ連邦に（つまりエステルライヒ側に）供出することになったが，侯国民は難色を示した。ヨハン二世は侯国にやってきて侯国民の説得に当たり，費用を侯が負担するという条件で兵力供出の同意を得た。侯国軍兵士は対イタリア戦線の守りに就いたが，武力行使には至らずに全員が帰国した。この戦争でドイツ連邦は崩壊し，侯国は北ドイツ連邦にもドイツ帝国にも加わらなかった。侯国は1862年憲法で兵役義務を規定していたが（第21条），侯の軍隊編成に関する排他的権利（第38条）を無視して，徴兵について協力権がある議会（第40条）が，1868年にリヒテンシュタイン軍を廃止して，今日に至っている（Geiger 2000a：24；Beattie 2015：32-39；前田 2008：67-71；Quaderer 2011）。

3　シュヴァイツ的民主化及び対独危機を通じての君民依存関係の成立

（1）　第一次世界大戦とシュヴァイツ傾斜[4]

　第一次世界大戦で侯国は中立を保ったが，そこで侯家と侯国との絆が問われる事件が起きた。大戦中の1916年春，当時教会領を失っていた教皇に同侯家が侯国を献上し，世襲の侯国代理あるいは総督となって司教枢機卿並みの地位を得るという構想が持ち上がった。提案者はドイツ帝国（中央

党）の帝国議会議員マティアス・エルツベルガーとされているが，真の起源は分からない。この提案に教皇ベネディクトゥス一五世らは喜び，4月にエルツベルガーに侯家との交渉を行わせた。だが21日に侯位継承者アロイス侯子が決断を渋り，結局侯国領を分割して，教皇も侯も国家主権を保持する妥協案を示した。23日にはヨハン二世が，自分は主権譲渡の用意があるが，他の男系男子のことを考えるとできないと述べ，侯弟フランツ侯子が，個人として反対なだけでなく，侯国（民）が反対だろう，教皇が主権を得てもイタリアが認めないだろうと反対した。1862年憲法は国土割譲に議会の同意を義務付けており（第23条），すでに侯家の一存で教皇への国土献上ができる法的状態ではなかった（Liebmann 1985：43-55；Beattie 2015：43-55）。

　1918年11月，君主制崩壊の波はドイツ語圏全域に及び，侯国でも高地を中心に現状変革運動が起きた。同年1月21日に侯国で直接選挙法が導入され，同年3月の選挙では社会主義を呼号する勢力も現れた。11月7日に領邦代理（首相）であったレオポルト・フォン・イムホーフ男爵（墺人）が辞任に追い込まれ，侯指名議員3人の反対を押して，マルティン・リッターを首班とし，ヴィルヘルム・ベックらを閣僚とする「臨時執行委員会」が設立された。この憲法に反した行動に対し，ヨハン二世は11月13日に「恩寵により」イムホーフの辞任を許し，委員会設置の事実を認知した。この委員会は12月7日まで存続したが，共和制運動には発展せずに，12月6日に侯国に来たカール侯子が侯により12月13日に領邦代理に任命されて，事態が収まった（Quaderer-Vogt 1995：187-216）。

　この頃侯国にも政党ができた。1885年生まれで，シュヴァイツ誓約同盟（いわゆるスイス連邦）で教育を受けたヴィルヘルム・ベックは，侯国の現状に不満を懐いていた。彼は1914年に『オーバーライン報知』を発刊して，「リヒテンシュタインはリヒテンシュタイン人に」を合言葉に「外国人官吏支配」批判を展開し，政府と法廷の自国民での充足，議会の直接選挙，経済の近代化を要求していた。1918年3月には，ベックらが「キリス

ト教社会人民党」（VP）を結成して議会で多数派を形成し，親墺的な現状
維持派はやむなく同年夏に結集し，12月22日付けで「進歩市民党」（FBP）
を創設した（Geiger 2000a：60-65）。

　侯国はシュヴァイツに依存していった。侯国でも用いていた墺通貨ク
ローネは戦後に暴落し，ドイツ系エステルライヒの将来にも悲観的観測が
強まった。侯国では，VP及び高地がシュヴァイツ志向，FBP及び低地が
墺志向であった。侯国は，1919年春にヴィーン及びベルンに公使館を設け
つつ，同年8月にVP主導で1852年以来のエステルライヒとの関税同盟を
解消し，1921年末にFBPの反対を押してヴィーンの公使館を閉鎖した。侯
国は，1919年にシュヴァイツに外交的代表権を委ね，（正式には1924年か
ら）シュヴァイツ・フランク（仏語ではスイス・フラン）を通貨とし，
1923年にシュヴァイツと関税同盟を結び，1924年からシュヴァイツ国境警
備隊が侯国とエステルライヒとの国境を管理することになった。侯国の
シュヴァイツ化を危惧する声も上がり，なかでもフランツ侯子（のちフラ
ンツ一世）はシュヴァイツがボリシェヴィキ化する可能性を危惧して，同
国との関税同盟締結を警戒した。なお対墺関係も緩和され，エステルライ
ヒはシュヴァイツと並んで判事を侯国裁判所に補充提供することになった。
侯国の国際連盟加入は，加盟国シュヴァイツの後押しにもかかわらず，
1920年に却下された（Geiger 2000a：53-59）。

（2）　1921年憲法によるシュヴァイツ的民主化と君主制存続

　1921年10月5日，侯と侯国民との交渉，VPとFBPとの交渉によって新
憲法が制定された。この憲法は，シュヴァイツ的民主化，すなわちシュ
ヴァイツ直接民主制の受容が見られるが，同時に20世紀としては君主制色
が目立つものだった。侯国は「民主主義的・議会主義的基盤に根差した立
憲世襲君主国」とされ，君民共治であることが明記された（第2条）。侯
の人格は「聖化されており不可侵」と規定され（第7条第2項），あらゆ
る法律は発効のために侯の裁可が必要とされた（第9条）。緊急事態に関

する侯の権利については，1862年憲法の規定が維持された（第10条）。国章は侯家家紋とされ（第5条），国家・官庁語はドイツ語と規定された（第6条）。侯は侯国民による「世襲忠誠宣誓式典」を受ける前から侯位を文書で用いるとされ（第13条第1項），国民の同意が即位の前提ではないとの立場が採られた。侯が侯国内にいないことを想定した条項もあった（第13条第2項）。国家の最優先課題は「全ての国民福祉の促進」であるとされた（第14条）。全ての侯国民は法の前に平等とされ，法規定により公職に就きうるとされた（第31条第1項：1992年に男女平等を規定した第2項が付加された）。各種人権，とりわけ私有財産の不可侵が明記された（第34条第1項など）。信仰・良心の自由は侯国民に保障されるが，カトリック教会が領邦教会で国家の庇護を受けるとした（第37条）。（1868年に軍隊が廃止されているにも拘らず）武器を取れる侯国男子の国土防衛義務が再び規定された（第44条第1項）。議会が侯国民全体の法的機関と規定され，15人の議員が置かれ，小選挙区制で高地9人，低地6人と分配された（第45・46条：1987年に議員が25人に増員）。侯には議会の召集，閉会の権利が付与され，著しい理由がある場合には議会を3カ月延期したり，解散したりできることになった（第48条）。議会には国家行政全体を統制する権利が付与され，議会の協力なしに法律の制定・改正・有効宣言，課税をなしえないとされた（63・65・68条など）。国民発案・国民投票の制度も採用された（第64・65・66条など）。政府は1人の「首相」，2人の「閣僚」及び彼らの「代行」の6人から構成され，首相とその代行は議会の提案を受けて侯が任命する（第79条：1965年に閣僚は4人に増員）。政府は「同輩的政府」とされ，首相は閣僚の上司ではないとされた（第78条など）（Beattie 2015：200-203；Geiger 2000a：67-68；Liechtenstein 1921）。

　新憲法下で政党内閣が始まった。1922年にグスタフ・シェードラー首相のVP政権（FBPの1閣僚，1閣僚代理を含む）が成立した。VP政権は，FBPが要求する比例代表制を断固拒否した。VPは，以前は比例代表制を支持していたが，政権に就くとこれを拒否するようになる。このVP政権

のもとで，侯国の経済振興のために当初カジノ建設が考慮されたが，道徳的・対外政策的観点から断念された。やがてVP政権は工業振興を考えると同時に，銀行業を興し，企業を誘致することで収益を図るようになり，またFBPの反対を押して財政帰化制度（居住実態がない人物にも高額の料金を取って帰化を認める制度）が推進された。こうして侯国は租税回避地となり，国外の富裕層と結びついていった。だが1928年，政権党の不正事件である貯蓄銀行スキャンダルでVPが選挙に敗れ，FBPのヨーゼフ・ホープ政権ができた。ホープ政権は特産品の切手生産に力を入れ，1930年に郵便博物館を設立した。第二党となったVPは，一転して比例代表制を求めるようになる。FBP政権はまた，国民投票・国民発案の署名集めで不正が起きたことを理由に，署名を基礎自治体長の前で行うように変更し，各種の保守化政策（新聞法・混浴禁止など）を行って，VP側を怒らせた。シュヴァイツの自由主義系・社会主義系新聞はVPを応援し，FBP政権を保守的・権威主義的だとして批判しており，FBP政権は1933年にベルン公使館を閉鎖した（Geiger 2000a：69-111, 206-208, 305-333；Geiger 2000b：29-30）。

　この政権交代の直後，侯の代替わりがあった。ヨハン二世は終生独身だったため，76歳の実弟フランツ侯子が継承した（フランツ一世）。フランツ一世は即位後に結婚を公表したが，妃エルザは1878年に墺貴族になったメーレンのユダヤ系工業家グートマン家の出身であった。フランツ一世は1929年8月11日に侯国で世襲忠誠宣誓式典を行ったが，高齢のためエステルライヒの狩猟館タールホーフに夫婦で住んでいた（Geiger 2000a：112-120, 502-504；Beattie 2015：9）。

（3）　ドイツを前にしての生存闘争

　ドイツで国民社会主義政権（以下NS政権）が成立した直後の1933年4月5日，侯国で「ロッター事件」が起きる。ベルリンで劇場を経営していたアルフレート及びフリッツ・シャイエ兄弟（芸名ロッター）は，破産し

て1933年1月から侯国のホテルに居住していたが，ドイツではこのユダヤ系兄弟が破産に際して詐欺を行ったと非難する新聞キャンペインが行われ，ベルリンの司法も捜査していた。1919年から1955年まで続いた侯国の財政帰化制度だが，1930年代にはユダヤ系ドイツ国籍者の帰化が増えていた。この状況で侯国民4名がドイツ国籍者5名と共謀して，シャイエ兄弟やその妻らを誘拐してドイツに引き渡そうとした。アルフレート夫妻は谷に転落して死亡し，フリッツの同伴女性ユリア・ヴォルフは重傷を負い，フリッツは侯国政府に訴え出た。この事件は，ドイツに対する侯国民の警戒心を煽る結果となった（Geiger 2000a：211, 342-358；Geiger 2000b：22-23, 51-66；Marxer, Veronika 2111；Redaktion 2011a）。

　1933年10月1日，「リヒテンシュタイン故郷奉仕団」（LHD）が結成された。300人ほどの団員，うち200人ほどの「突撃隊」員を数え，同名の新聞を発行するLHDは，墺伊ファシズムに傾倒し職能国家への転換を目指したが，教皇回勅「クウァドラゲシモ・アンノ」にも注目し，「国民社会主義ドイツ労働者党」（NSDAP）の党歌の替え歌を用いていた。LHDは反ユダヤ主義をも唱え，VPと共にその矛先を侯妃エルザにも向けた。1933年には独墺国籍者数十名によりNSDAPリヒテンシュタイン支部が結成され，ベルンのドイツ公使館の指導下に入った。LHDは弱体化したVPを取り込んで「国民的反対派」を名乗り，次いで1936年の議会選挙前に急遽合同して「祖国同盟」（VU）を結成し，FBP政権に挑戦したが，小選挙区のため同年の選挙ではFBPになお及ばず議席を伸ばせなかった。FBPのホープ政権は，党制服での示威運動を禁止する等の措置をとりつつ，ドイツに対してはドイツ人としての共感を表明し，経済難民やユダヤ人難民の流入に慎重な姿勢をとった（Geiger 2000a：112-120, 194-195, 365-440；Geiger 2000b：66-103；Beattie 2015：94-95）。

　相次ぐ危機の時代に即位したのがフランツ・ヨーゼフ二世（1906〜1989年）である。フランツ・ヨーゼフ侯子は侯家傍流の出身だが，母がハプスブルク家の大公女で，父や叔父も侯位継承を辞退したので，継承順位第二

位に躍り出た。侯子は国際オリンピック委員会に属し，1936年にベルリン
のオリンピック競技会を訪問している。侯子はしばしば侯国を訪れて
LHD指導者と会い，フランツ一世には報告もしなかったので，フランツ
一世やFBP政権を苛立たせた。だがFBPに傾斜したフランツ一世より侯子
の方がLHD寄りであったことは，のちVUの反君主制感情の緩和に役立っ
た（Wanger 2011；Geiger 2000a：501-513；Geiger 2000b：81-84）。

　侯国の生き残りのための綱渡りが始まった。1938年3月13日のエステル
ライヒ併合でドイツが侯国の隣国になると，フランツ一世は17日に独領と
なったタールホーフから「帝国宰相閣下」に独墺「統一を契機に」，「強大
なドイツは欧州の持続的平和の保障になる」との祝電を送った。ヴィーン
でのドイツ軍閲兵式では，ヨアヒム・フォン・リッベントロップ外相の隣
に侯家の使者が立った。ドイツも侯国の併合には動かず，リッベントロッ
プはそれを得策でないとし，ヒトラーも不介入の姿勢を示した。フラン
ツ・ヨーゼフ侯子は1938年3月18日に侯国に現れて，4月1日にFBPと
VUとからなるホープ連立政権を実現させ，彼が取りまとめたという印象
が生まれた（ただし連立交渉は侯子到着前から行われていた）。1938年3
月30日にフランツ一世からようやく侯「代行」を任せられたフランツ・
ヨーゼフは，同年7月にフランツ・ヨーゼフ二世として即位後，侯国内に
居を移した。侯国は，侯がベルン（1938年4月4日），ベルリン（1939年
3月2日）を訪問して国家主権を誇示すると同時に，ホープ首相がベルリ
ンを訪問して墺「再統一」を祝福し，ドイツとの関税同盟締結をも示唆す
るなどした。だが同時にホープはシュヴァイツ側に対して，自分たちは民
主主義者であり，シュヴァイツとの関係解消は考えていないと言明しても
いた。ミュンヒェン会談に際しては，フランツ・ヨーゼフ二世は「総統及
び帝国宰相」ヒトラーに祝辞を送り，ホープ首相はチェコスロヴァキア国
家が成立以来その政府が没収していた広大な侯家資産の奪還交渉をドイツ
政府と始めた。ホープ連立政権の成立に失望した一部VU党員は，1938年
3月31日にドイツとの合邦（表向きは経済・関税統合）を目指す「リヒテ

ンシュタイン・ドイツ民族運動」（VDBL）を結成した。VDBLは「ドイ
ツ民族青年団」を組織した。これに対しエマヌエル侯子を団長とするスカ
ウト団や，シュヴァイツ出身の聖職者らに率いられたカトリック青年団は，
青少年が「ドイツ民族青年団」に行かないよう勧誘に努めた。ホープ連立
政権は，1939年1月に小選挙区制を，1930年に当時のVPが求め国民投票
で否決されていた比例代表制に替えてVUの要求に応えつつ，有権者の
18％という高い阻止条項を設けて第三党たるVDBL候補の選出を阻んだ。
同年3月11日に議会は解散されたが，連立与党の統一リストの候補者数が
改選議席数と同じで，事実上選挙戦がない状態となった。進路を塞がれた
VDBLは1939年3月22日，侯や首相の不在中にファドゥーツで騒擾を演じ，
独領に待機する突撃隊員など600名を「抑圧された兄弟」への加勢に呼び，
新政府を樹立しドイツとの合邦を宣言するという筋書で蜂起を計画したが，
VDBL指導部の躊躇で2回延期になり，ヒトラーも中止を命じて失敗した。
1939年4月13日，新しい議員による議会が開会した。1939年5月29日，
ファドゥーツ城外でフランツ・ヨーゼフ二世への世襲忠誠宣誓式典が行わ
れ，4000人の民衆が新侯に忠誠を表明した（Wanger 2011；Marxer,
Wilfried 2011a；Geiger 2000a：112-120, 306-309, 501-513；Geiger
2000b：106-258, 321-429；Geiger 2010a：79-82, 115, 198-210；Beattie
2015：91-116；佐藤 2017：60-66）。

　侯国の第二次世界大戦での厳正中立は1939年8月30日に宣言された。軍
隊がなく，警察官が7名，補助警察官が19名しかいない侯国が独立を維持
するために，柔軟な外交が展開された。国内では，政権の一角をなすVU
が親独的である上に，VDBLも新たに新聞『デル・ウムブルフ』（大変革）
を発刊するなど不穏な動きを見せた。侯国は1940年3月25日に侯国庇護を
願う神母マリアの聖別式を行い，同年から8月15日（聖母被昇天祭・侯誕
生日の前日）を「国家祭日」にし，1943年3月7日に侯がメーレン・シュ
レジエン貴族ヴィルチェク伯爵家の令嬢と初めて侯国内で結婚するなど，
国家行事で主権を顕示した。同時に対独友好のために特産品の切手や勲章

を授与したり，フランツ・ヨーゼフ二世がヘルマン・ゲーリングやバル
ドゥール・フォン・シーラッハらを狩猟に招待したり，ヒトラー総統に祝
電を打ったり，首相ホープが1940年12月10日のシュトゥットガルト講演で
ドイツとの歴史的・人種的連続性を強調したり，閣僚アロイス・フォーク
ト（VU）がドイツとの経済統合を模索したり，ハプスブルク家と縁続き
の侯が疑われたときには，フォークトが「侯は国民社会主義者ではないが
ドイツ人意識が非常に強い」「侯は多くの領地を没収されたメーレンで
チェキア人に対抗する民族ドイツ人を応援してきた」などと弁明した。ド
イツも，侯国をシュヴァイツと一まとめに考え，そのシュヴァイツが武装
中立国であるため，差し当たり侯国に侵攻しなかったが，VU・VDBLの
一体化を促す試みは続けた。1942年から侯国と英米との接触が行われ，侯
国主権や侯家在外財産の保全などが模索された。1943年2月18日，侯は政
府・議会・二大与党と連携し，憲法第10条第1項に基づく緊急権で議員任
期の無期延長を行い，選挙開催による国内亀裂の表出を封じた。1944年12
月，侯は在ベルン公使館を再開して，ドイツの反撥などを恐れる政府・議
会と激突し，翌年7月のホープ政権総辞職を招いた。なお移民・難民を恐
れるあまり，ユダヤ系ドイツ国民の旅券にJ印を求め，ザラやイスラエル
といった名前を強制的に付けるという独・シュヴァイツ間の決定は，侯国
在住のユダヤ系ドイツ国民にも適用され，侯国もそれを黙認していた。ま
た移送され強制労働を科されていたハンガリー系ユダヤ人が侯家農場にも
貸し出されていたこと，ドイツ軍や親衛隊に志願した侯国民がいたことな
ども確認されている（Geiger 2000a：329-333；Geiger 2000b：214, 427-
447；Geiger 2010a：79-82, 117-119, 209, 235-236, 270-271, 318, 322-324,
356-357, 386, 391-423, 448-462, 501-514, 582-585；Geiger 2010b：74-110,
150-200, 245-273, 284-358, 411-416, 453-478；Beattie 2015：116-147)。

（4）　ドイツ国民意識との訣別

　終戦後，NS追及の波が侯国にも押し寄せた。チェコスロヴァキアは，

ベネシュ指令でドイツ系少数派を追放し，その財産を無償で没収したが，この際侯家が所有してきた同国内の資産を，かつてチェキア人から奪ったもので，侯家はNS政権と連携していたとみなして没収した。ソ連西漸を危惧したシュヴァイツは，かねてより軍事的要衝として求めていた侯国領エルホルンを奪取した。1949年，連合国（UN）未参加の侯国が国際司法裁判所規定に参加申請をした際には，ソ連，ウクライナ，チェコスロヴァキアが侯国の独立性を疑問視して反対した（Geiger 2010b：502, 510；Beattie 2015：148-157）。

　侯国は自分たちのドイツ的過去を懸命に否認するようになる。19世紀に作詞されたリヒテンシュタイン国歌には「ドイツのライン川の上流で」「祖国ドイツにある故郷の地」という一節があったが，1963年の議会決議で別な単語に置き換えられた（Frommelt 2005：44-49）。

4　ハンス＝アダム二世の指導者民主主義

（1）　ビジネスマン君主登場による新展開

　1945年以後，君主制をめぐって大きな出来事はなかったが，フランツ・ヨーゼフ二世が1989年11月13日に薨去し，同日ハンス＝アダム二世が即位したことで，事態が変化した。ハンス＝アダム・ピウス侯子は，1945年2月14日にツューリヒで生まれ，侯世子として初めて侯国内で育ち，ファドゥーツの小学校を出た。侯子はその後ヴィーンやツオツ（シュヴァイツ）で学び，1965年からロンドンで銀行業務を経験し，1969年からザンクト・ガレンの大学で経営学・経済学を学んだ。この間1967年に，侯子はベーメン貴族のキンスキー・フォン・ヴヒニッツ・ウント・テッタウ侯爵家から妃を迎えた。侯子は即位前から侯国政治について発言し，特に1970年の「リュックサック演説」では侯国が「シュヴァイツのリュックサック」から脱却することを訴えた。侯子は1985年から侯「代行」として統治を担い，父の薨去で侯位を継いだ。ハンス＝アダム二世は，侯国の連合国

（UN：1990年）及び欧州経済領域（EEA）への加入（1995年）を主導した。侯及び侯国政府は，1990年10月からチェコスロヴァキア及びその後継国家と，1945年以降に「ドイツ人」の財産として没収され，1951年にブラティスラヴァの裁判所で敗訴していた同家資産及び侯国民財産の恢復を目指して交渉を始め，翌年同国収容の財産，特にチェキア（ブルノの美術館）からドイツ（ケルンの美術館）に貸し出された旧侯家所蔵の絵画を取り戻すために，1991年よりドイツ（ケルンの地方裁判所，高等裁判所）で訴訟を起こし，連邦憲法裁判所まで行ったが，管轄外として却下されたため（1998年），さらに欧州人権裁判所（1998年）でドイツでの裁判所の欧州人権条約違反を訴えて却下された。侯国は国際司法裁判所（2001年）でも訴訟に及び，侯国とドイツとの間の紛争の存在は認定させたが，訴訟自体は管轄外だとして却下された。1996・97年には第二次世界戦争でソ連に奪われた侯家文書を恢復している。侯は家族世襲財産を財団に再編し，多角的に経営を展開した結果，侯家を欧州随一の富裕な家門にした。この財力で，侯はヴィーン「都市宮殿」を修復し，ここに侯家の美術品を展示した（Redaktion 2011b；国際司法裁判所判例研究会 2010；Beattie 2015：213-218, 493-501）。

（2）　君主主導の模索

　大戦後類例のなかった侯の活発さは紛争を引き起こすこともあった。1992年12月11〜13日，侯国では欧州経済領域への加入をめぐる国民投票が予定されたが，これはシュヴァイツの同種投票の1週間後という日程であった。加入を推進するハンス＝アダム二世は，これではシュヴァイツの結果が気になって侯国の自主的な決定ができないと考え，シュヴァイツよりも前に投票を行うことを要求した。侯と政府との対立は，10月28日に「国家危機」を迎えた。侯は議会解散，ハンス・ブルンハルト内閣更迭を示唆して要求を通そうとした。結局同日のうちに侯，議会，政府が共同声明を出し，国民投票の日は変えないがシュヴァイツの結果に関わらず加入

を目指すこととした。実際シュヴァイツは欧州経済領域に加入しなかった
が，侯国は加入し，侯の方針は貫かれた（Redaktion 2011b；Marxer,
Wilfried 2011b；Beattie 2015：189-263；石田 2008）。さらに1995年，行
政不服申立所長官ヘルベルト・ヴィレが講演で，憲法解釈をめぐり侯と議
会とが対立した際には国家裁判所に最終決定権があると述べたのに対し，
激怒した侯が私簡を送って，ヴィレはかつて憲法の特定個所に納得してい
ない，それらに自分は拘束されないと思うと語っていたので，今後は議会
がヴィレの公職就任を提案しても裁可しないと宣言し，ヴィレは言論の自
由を抑圧されたと欧州人権裁判所に訴え出て勝訴した（Redaktion
2011c；Beattie 2015：234-238）。

　この間1993年，ハンス＝アダム二世は改訂版「リヒテンシュタイン侯家
家憲」を『リヒテンシュタイン官報』100号に掲載させた。1992年の「国
家危機」に際して，「家憲」は憲法に影響を与えるにも拘らず，侯国民が
誰一人全文を見たことがないとの批判が上がっていた。「家憲」はヨハン
二世が19世紀に改訂して以来，そのままになっていた。そこでハンス＝ア
ダム二世は，侯璽を捺し，侯家の人々の同意を得，首相マルクス・ビュー
ヒェルが連署した1993年10月26日付の「家憲」改訂版を，このとき発表し
たのである。ただこの「家憲」は，議会で審議・可決されたものではない
という批判も残った。この「家憲」では，「前文」で従来の家憲を廃止し
新しいものを制定することを宣言し，カトリック信仰が家の伝統であると
して「神及び神母」に家族及び国の庇護を願った。第１条では，ヨハン一
世の男系子孫及びその配偶者がリヒテンシュタイン家の構成員であると規
定された。第２条では，侯の正式称号が「フォン・ウント・ツー・リヒテ
ンシュタイン侯，トロッパウ・イェーゲルンドルフ公爵，リートベルク伯
爵，フォン・ウント・ツー・リヒテンシュタイン家家長」であるとされた。
第３条では，リヒテンシュタイン家構成員は全てリヒテンシュタイン国籍
を有し，侯及び継承順位第一位の嫡男は他国籍を有することができないと
された。第５条では，養子はリヒテンシュタイン家の構成員ではないが，

男系が断絶するときには，最後の侯が養子を侯世子とすることができると
した。また非嫡出子に称号を授ける可能性についても規定された。第12条
では，「長子相続」による侯位継承が規定され，最も年上の系譜の長男が
継ぐと宣言された。第13条では，侯位断念の手続が規定された。第14条で
は，侯に対する懲戒手続が規定された。第15条では，侯の「免職」
（Amtsenthebung：君主制で一般的な「廃位」（Absetzung）・「退位」
（Abdankung）の語は用いていない）・「禁治産宣告」の手続が規定された。
第16条では，侯に対する不信任動議の手続が規定された。この第14・15・
16条の規定は，2003年憲法改正への道筋を示すものだった（Liechtenstein
1993；Beattie 2015：210-213）。

　2003年，ハンス＝アダム二世は1921年憲法を以下のように部分改訂し，
民主的基盤を得ることで君主権力の強化を図った。(1)基礎自治体に侯国を
脱退する権利が付与された（第４条）。(2)侯の「人格は聖化されており不
可侵」という記述（第７条第２項）が，「侯の人格は裁判に服さず，法的
に責任を負わない」と改訂された。(3)「侯はこの憲法の規定を遵守しつつ
国家官吏を任命する」（第11条）が「侯は憲法の規定を遵守しつつ判事を
任命する」となり，任命対象が限定された。(4)緊急権（第10条）は憲法全
体の廃止ではなく個別条項の適用制限だけであることが明記され，個人の
生命を奪ったり拷問を加えたりすること，隷従及び強制労働を科すこと，
罪刑法定主義を覆すことはできないと明記された。また緊急権に基づく勅
令は，発布後遅くとも６カ月で失効するとされた。(5)侯が侯国外にいるこ
とを予想した条項（第13条第２項）が削除された。(6)少なくとも1500人の
侯国民が集まれば侯の不信任を議会に提起でき，国民投票で不信任が可決
されれば，議会が家憲に基づく手続について侯に連絡し，侯は６カ月以内
に議会に結果を伝えるとした（第13b条）。(7)裁判を行う際に「侯及び人
民の名において」行うことが新たに規定され（95条），判事の選考は侯・
議会共同選考委員会で行うことが明記された。この委員会では，侯は議長
を務め，可否同数時の決定権を有し，議会側が派遣するのと同数の委員を

派遣できるという（96条）。(8)少なくとも1500人の侯国民が集まれば君主制廃止の国民発案ができるとされた（第113条）。なお「民主主義的・議会主義的基盤に根差した立憲世襲君主制」という表現，法律成立に侯の裁可が必要な点，「世襲忠誠宣誓式典」に関する点，国教会の規定，侯国男子に国土防衛を義務付ける点，侯が議会を延期・解散できる点などは，1921年憲法の発布当初のものが維持された（Liechtenstein 1921）。侯の提案に議会は当惑したが，ハンス＝アダム二世は議会勢力が君主制の形骸化を狙っているというのが持論で，アロイス侯世子とともに各家庭に直接声明を送って，同年3月16日の国民投票で64％の支持を得て成立させた。投票に際し侯は，自分の提案が否決されたら自分は侯国を去ると述べたため，これを恐喝だとした28人の侯国民が欧州評議会に異議申立を行った。後述の第三党FLも，君主権抑制のための対抗提案「憲法平和イニシアティヴ」を出したが，支持は16.5％に留まった（Beattie 2015：224-263）。

　ハンス＝アダム二世の活動は国内には留まらない。彼は「自決」（ドイツ語でSelbstbestimmung：ここでは民族・住民が自治をしたり自分たちの意志で所属国家を変えたりすることを意味する）に関する理論攻勢に出た。1991年9月26日，侯は侯国の名において，加盟したばかりの連合国（UN）の総会で演説し，侯国として自決を推進すると宣言した。侯国は1992年以降の連合国総会でもこの話題を再び提起した。1992年，1993年，1994年の連合国総会第三委員会では，ハンス＝アダム二世も参加して自決に関する討論が行われたが，国内に分離運動を抱えるインド，パキスタン，インドネシアの反撥にあった。政治の場よりも学問の場で説いた方が有効だと考えるに至ったハンス＝アダム二世は，プリンストン大学で自決に関する研究プログラムを設立し，やがて2000年に同大学に侯家から1200万ドルを出資して「リヒテンシュタイン自決研究所」を設け，自決に関する研究・教育を支援した。最初の十年間にこの研究所が取り組んだのは，南バルカン諸国，インド，パキスタン，ロシヤの問題であった。その後は，アフガニスタン，イラン，欧州連合，国際刑事裁判所などの問題に取り組ん

でいる。2004年，ハンス＝アダム二世は譲位しないまま世子を「代行」に任命し，段階的に統治権を委譲した侯は，それ以後は侯家の問題や政治学研究に専念した（Redaktion 2011b；Bleyle 2011；Beattie 2015：204-218；伊藤 2009）。

　2009年には，ハンス＝アダム二世は自分の国家論『三千年紀の国家』を刊行した（英語，のち2012にドイツ語版〔Hans-Adam II. 2012〕，2016年に日本語版〔リヒテンシュタイン侯爵ハンス・アーダムII世 2016〕も出た）。その内容は以下のとおりである。(1)民主政は技術的観点から肯定され，とりわけ直接民主制が称揚されている。(2)君主はもはや神の恩寵による統治者ではないとし，いわば人民投票的指導者として，民主政と接合されて肯定されている。同時に，長期的視野での統治が可能になるとして，世襲君主制が機能主義的に肯定されている。(3)官僚制や議会が「寡頭制」と呼ばれ，否定的に描かれている。(4)宗教は専ら社会的紐帯の道具として評価されている。(5)仏露革命が暴力的騒擾として否定的に描かれ，ナショナリズムと社会主義とが「大きな政府」志向の発想として否定されている。(6)「小さな政府」が唱道され，義務教育や農業支援などの削減が主張されている。(7)アメリカの軍事力による独裁者の打倒が支持されているが，その地域の民主化は欧州諸国が担当すべきだとしている（今野 2021）。

（3）　アロイス侯世子と新たな対独紛争

　侯「代行」アロイス侯世子は父の気風を受け継いでいる。アロイス侯子は1969年に侯世子ハンス＝アダムの長男に生まれ，侯国でギムナジウムまで出て，英コールドストリーム近衛連隊の将校になり，ザルツブルク及びロンドンの大学で学んだ。2011年国家祭日の侯「代行」としての挨拶で，侯世子は堕胎自由化に関する国民発案について，国民投票で否決されないときは自分が拒否権を発動すると発言している（Beattie 2015：204-205, 268）。

　アロイス侯世子は「代行」となって早々，騒動に直面した。欧州諸国は

侯国を租税回避・資金洗浄天国として危険視するようになり，侯家も批判の矢面に立ったのである（Beattie 2015：413-421）。

　2008年2月14日に発覚したツームヴィンケル事件では，侯家が保有し，ハンス＝アダム二世の次弟が会長を，侯の次男がCEOを務めるLGT銀行に，ドイツ・ポスト会長クラウス・ツームヴィンケルが資産を隠し，脱税をしていたことが摘発された。連邦情報局は，LGT銀行で不法に複写された情報を元従業員ハインリヒ・キーバーから購入していた。侯国及びスペイン出身のキーバーは，各国で詐欺・恐喝などの犯罪を繰り返し，侯国警察からも債権者からも追跡されていたが，過去が発覚しないままLGT銀行に雇用されていた。2003年にキーバーはハンス＝アダム二世に，LGT銀行勤務中にその情報を複写したと伝え，追跡者から逃れるための新しい旅券を申請した。侯はキーバーに自ら会い，情報を返却して警察に出頭するよう説得し，キーバーは情報を返却の上，出頭して有罪判決を受けた。キーバーは2005年に侯に恩赦を願い出たところ，侯代行アロイス侯子に却下された。このためキーバーは，隠し持っていた情報の複写を，まずオーストラリア政府に売却して滞在許可を得ようとしたが果たせず，続いてドイツ捜査当局に売却した。キーバーはこの売却を，侯への個人的怨恨によるものだとした（Beattie 2015：424-425；ズィーバー 2010；川田 2008；藤田 2020）。

　この事件と同時に，2008年2月にリヒテンシュタイン領邦銀行（LLB）事件が明るみになる。LLBは，1861年に侯国代理の主導で創業した侯国最古の銀行で，侯国行政の一部をなしていた。2005年，この銀行の元従業員から2325人分の顧客情報を得たドイツ国籍者ミヒャエル・フライタークが，LLBの顧客を恐喝し，さらにLLBをも恐喝して情報買戻しを迫るなどした（Beattie 2015：425-430；Meili 2011）。

　一連の事態で，ドイツとリヒテンシュタインとの対立が明瞭化した。ドイツ政府はキーバーの情報を関係各国とも共有をする意思を示し，キーバーに新しい身元を与えた。独米政府は，キーバーに対する侯国捜査当局

の国際指名手配への協力を拒否した（Beattie 2015：427-428）。ドイツ連立与党SPDの指導者たちは，侯国を「盗賊騎士領」，「盗賊の住む洞穴」，「文明の不足」などと呼んで非難した。連邦宰相アンゲラ・メルケル（CDU）も，侯国側がドイツを非難するのは「有益ではない」とした。これに対し侯国側は，ドイツが侯国の銀行情報を踏みにじり，国家主権を侵害したと憤った。2008年2月19日の記者会見で，侯代行アロイス侯子はドイツの不正情報購入を批判し，ドイツの資金が侯国の銀行に集まるのはドイツの税制が世界最悪だからだと述べた。侯国とドイツとの関係は，2009年にSPDが下野するまで改善されなかった（Beattie 2015：204-205, 413-445, 485）。

5　「ドイツ的」多党化の君主制への影響？

（1）　君民一致の3つの契機

　以上を総括すると，リヒテンシュタイン侯国で君主制と民主主義とが結合するようになったのは，3つの経緯からのことだったと思われる。(1)従来の侯国民は基本的に保守的であった。親墺的で君主制を志向する保守派（FBP）は，シュヴァイツ民主主義やドイツ国民社会主義に傾斜する改革諸派に対して，概ね勢力を維持することができた。(2)ドイツの脅威が国内の一致を生んだ。オランダ王国，ルクセンブルク大公国，デンマーク王国などにも類例があるが（君塚 2018：11-14；水島 2018：109-111），NS政権との対決を契機に君主と国民とが団結し，君主の政治指導を正当化したのである。昨今のツームヴィンケル事件でもドイツとの対決が再燃し，アロイス侯世子がドイツ批判の先頭に立つ光景が見られた。(3)議会を嫌う現侯が君主制を指導者民主主義によって強化しようとした。君主の主体性に拘るハンス＝アダム二世の方針は，アロイス侯世子にも継承されている。侯家の主な伝統や資産が侯国外，特にエステルライヒにあることも，侯が侯国内で大胆な政治的行動をとれる背景にはあるだろう。だが活発すぎる

君主は，ドイツ皇帝ヴィルヘルム二世の先例が示す如く，君主制の社会的威信を危うくする可能性もある。

（2）　多党化現象と君主制

　1930年代以来，侯国政府はFBP・VUの二大政党のどちらか，あるいは大連合によって担われてきたが，20世紀末から多党化が始まった。二大政党の性格は接近し，支持層の地域差もなくなっていった。1953年に「非独立所得者・小農民リスト」，1962年から1974年にかけて反原発を主張の一つとする「キリスト教社会党」（CSP）が議会進出を試みたが，阻止条項（18％だったが1962年に国家裁判所判決により廃止，1973年に8％で再導入）に阻まれた。だが1984年に環境保護や男女平等などを掲げる脱物質主義政党「自由リスト」（FL）が結成され，1989年選挙では「リヒテンシュタイン超党派リスト」（ÜLL）と競合して議会に進出できなかったが，1993年選挙では2議席獲得を果たした。また2013年にVUから分岐した「リヒテンシュタインのための独立派」（DU）は，既成政党と一線を画する独立候補者の集団を自称していたが，2013年選挙でFLを陵駕し，難民危機を背景に反移民政党化して2017年選挙でも増大した。もっともその後DUからは「リヒテンシュタインのための民主主義者」（DpL）が分岐し，2021年選挙ではVU10，FBP10，FL3，DpL2の議席配分となった（総議席数25）。こうした多党化は，ドイツ連邦共和国での緑の党や「ドイツのための選択肢」（AfD）の擡頭と似ており，「ドイツ化」の一種だとも言える（新川 2017：13-22；新川 2019：103-120；Beattie 2015：219-223；Liechtenstein 2021）。

　この多党化傾向は，君主制にとって不安定要因となる可能性がある。FLは侯の拒否権削減などを狙い，議会を迂回して国民発案を繰り返しており，DpLは君主制支持を表明しつつも，その自国中心主義が侯の欧州化・国際化路線と必ずしも一致しないことから，これらの政党が増大すれば，FBPの基盤を蚕食し，君主を中心とする同国のクライエンテリズムを

揺るがす可能性があるだろう。ただドイツ帝国やベルギー王国がそうで
あったように，君主制が多党化する社会で揺らぐのではなく，逆にその統
合の象徴になるという展開も，将来のリヒテンシュタインではあり得るの
かもしれない（Freie Liste 2021；Demokraten pro Liechtenstein 2021）。

注

1） 本論では「クライエンテリズム」を，自由で平等な市民の議論に基づいた透明性
のある政治というモデルから逸脱する，地域で形成された人脈による統治という広
い意味で用いており，家門のカリスマに依拠した国制である世襲君主制も，その一
種として位置付けている。
2） 筆者はFürstを，君主の臣下としては「侯爵」，君主としては「侯」と訳しており，
1918年までリヒテンシュタイン家には双方の性格があったと見ている。なお日本で
は混同が見られるが，ドイツ語圏の「侯国」（Fürstentum）は，一つ格上の「公
国」（Herzogtum）とは別物である。
3） 本論は，筆者の日本比較政治学会での報告「三千年紀の君主制原理──リヒテン
シュタイン侯国の強大な君主制の起源」（2021年6月26日）を改稿したものである。
4） 日本では「スイス連邦」と仏語風に表記するのが通例だが，同国はドイツ語圏を
起源とし，今日なおドイツ語系住民が仏語系住民を圧倒し，本稿で出てくる地名も
ドイツ語系のものなので，本稿ではドイツ語表記を試みている。

引用・参考文献

Aspinall, Edward and Berenschot, Ward (2019) *Democracy for sale. Elections,
clientelism, and the state in Indonesia*, Ithaca and London：Cornell University
Press.

Beattie, David (2015) *Liechtenstein. Geschichte & Gegenwart*, 2., neu bearb. u. erw.
Aufl., Triesen：van Eck.

Bleyle, Annette (2011) „Liechtenstein-Institut für Selbstbestimmung“, in：*Historis
ches Lexikon des Fürstentums Liechtenstein online* [https://historisc hes-
lexikon.li：2021年11月18日閲覧]（以下*HLFL*).

Demokraten pro Liechtenstein (2021) „Die Partei“ [https://www.dpl.li/die-partei：
2021年11月11日閲覧].

Dopsch, Heinz/Stögmann, Arthur (2011) „Liechtenstein, von“, *HLFL*.

Freie Liste（2021）„Demokratie stärken" ［https://www.freieliste.li/themen/demo kratie-staerken：2021年11月11日閲覧］.

Frommelt, Josef（2005）„Die liechtensteinische Landeshymne", *JBL*104, S. 7-67.

Geiger, Peter（2000a）*Krisenzeit. Liechtenstein in den Dreissigerjahren 1928-1939*, Bd. 1, Zürich：Chronos.

Geiger, Peter（2000b）*Krisenzeit. Liechtenstein in den Dreissigerjahren 1928-1939*, Bd. 2, Zürich：Chronos.

Geiger, Peter（2010a）*Kriegszeit. Liechtenstein 1939 bis 1945*, Bd. 1, Vaduz/ Zürich：Chronos 2010.

Geiger, Peter（2010b）*Kriegszeit. Liechtenstein 1939 bis 1945*, Bd. 2, Vaduz/ Zürich：Chronos 2010.

Hans-Adam II., Fürst von Liechtenstein（2012）, Der Staat im dritten Jahrtausend, Schaan：van Eck.

Hörrmann, Michael（1988）„Fürst Anton Florian von Liechtenstein（1656-1721)", Press, Volker/Willoweit, Dietmar（Hrsg.）, *Liechtenstein – Fürstliches Haus und staatliche Ordnung. Geschichtliche Grundlage und moderne Perspektiven*, 2. Aufl., Vaduz/München/Wien: Liechtensteinische Akademische Gesellschaft/ Oldenbourg, S. 189-210.

Liebmann, Maximilian（1985）„Der Papst - Fürst von Liechtenstein", *JBL* 85, S. 229-250.

Liechtenstein（1818）*Landständische Verfassung vom 9. November 1818* ［https://www.e-archiv.li/D42332：2021年 5 月13日閲覧］.

Liechtenstein（1862）*Konstitutionelle Verfassung vom 26. September 1862* ［https://www.e-archiv.li/D42357：2021年 5 月13日閲覧］.

Liechtenstein（1921）*Verfassung des Fürstentums Liechtenstein vom 5. Oktober 1921* ［http://www.verfassungen.eu/lie/verf21.htm：2021年 3 月28日閲覧］.

Liechtenstein（1993）*Hausgesetz des Fürstlichen Hauses Liechtenstein vom 26. Oktober 1993* ［https://www.gesetze.li/konso/pdf/1993100000：2021年 5 月20日閲覧］.

Liechtenstein（2021）„Landtagswahlen" ［https://www.landtagswahlen.li/resultat/12：2021年11月11日閲覧］.

Marxer, Veronika（2011）„Finanzeinbürgerung", *HLFL*.

Marxer, Wilfried（2011a）„Volksdeutsche Bewegung in Liechtenstein（VDBL)",

HLFL.

Marxer, Wilfried（2011b）„Staatskrise（28.10.1992)", *HLFL*.

Meili, Alexander（2011)„Liechtensteinische Landesband（LLB)", in：*HLFL*.

Oberhammer, Evelin（1985)„Liechtenstein, Johann I. Fürst von und zu", *Neue Deutsche Biographie* 14, Berlin-West：Duncker & Humblot, S. 519 f.

Oberhammer, Evelin（2011a)„Liechtenstein, Alois II. Josef von", *HLFL*.

Oberhammer, Evelin（2011b)„Liechtenstein, Johann II. von", *HLFL*.

Quaderer, Rupert（1969)„Politische Geschichte des Fürstentums Liechtenstein von 1815-1848", *JBL*69, S. 5-241.

Quaderer, Rupert（2011)„Preussisch-Österreichischer Krieg", *HLFL*.

Quaderer-Vogt, Rupert（1995)„ Der 7. November 1918. Staatsstreich-Putsch-Revolution oder politisches Spektakel im Kleinstaat Liechtenstein?", *JBL* 93, S. 187-216.

Redaktion des HLFL（2011a)„Rotter-Entführung", *HLFL*.

Redaktion des HLFL（2011b)„Liechtenstein, Hans-Adam II. von", *HLFL*.

Redaktion des HLFL（2011c)„Herbert Wille", *HLFL*.

Rudersdorf, Manfred（1988)„Josef Wenzel von Liechtenstein（1696-1772). Diplomat, Feldmarschall und Heeresreformer im kaiserlichen Dienst", Press/Willoweit（Hrsg.）, *Liechtenstein*, S. 347-381.

Schmidt, Georg（1988)„Fürst Johann I.（1760-1836)：„Souveränität und Modernisierung" Liechtensteins", Press/Willoweit（Hrsg.）, *Liechtenstein*, S. 383-407.

Spiegel（2012)„Der Fürst behält das letzte Wort!"［https://www.spiegel.de/politik/ausland/referendum-in-liechtenstein-fuerst-behaelt-sein-vetorecht-a-841989.html：2021年11月10日閲覧].

Veenendaal, Wouter P.（2014)"A Big Prince in a Tiny Realm. Smallness, Monarchy, and Political Legitimacy in the Principality of Liechtenstein", *Swiss Political Science Review* 21(2), pp. 333-349［doi：10.1111/spsr.12138：2022年3月19日閲覧].

Wanger, Harald（2011)„Liechtenstein, Franz Josef II. von", *HLFL*.

Wille, Herbert（2011)„Verfassung", *HLFL*.

Wolf, Sebastian（2015)"Different Approaches, Different Results in Small State Studies：Complementary Views on the Monarchy and Traditional Governance in Liechtenstein", *Swiss Political Science Review* 21 (2), pp. 350-361 ［doi：10.1111/spsr.12151：2022年 3 月19日閲覧].

石田聡子（2008）「スイス国境地域における越境地域間協力──Interregボーデン湖プログラムの事例」『北東アジア経済研究』（岡山大学） 6 号，59-79頁。

伊藤理恵（2009）「リヒテンシュタイン提案に現れた自決権としての自治」『横浜国際経済法学』17巻 3 号，287-305頁。

植田健嗣（1999）『ミニ国家リヒテンシュタイン侯国』郁文堂。

遠藤誠（2015）「世界の法制度［欧州編］第39回　リヒテンシュタイン」『国際商事法務』43巻12号，1871-1875頁。

川田剛（2008）「リヒテンシュタイン」『国際税務』28巻 5 号，53頁。

君塚直隆（2018）「現代世界の王室」，水島治郎／君塚直隆編『現代世界の陛下たち──デモクラシーと王室・皇室』ミネルヴァ書房，11-14頁。

国際司法裁判所判例研究会（河野真理子）（2010）「ある種の財産事件（リヒテンシュタイン対ドイツ）」『國際法外交雑誌』108巻 4 号，611（105）-625（119）頁。

小林正弥（2000）『政治的恩顧主義論──日本政治研究所説』東京大学出版会。

今野元（2021）「リヒテンシュタイン侯ハンス＝アダム二世と『三千年紀の国家』」『愛知県立大学大学院国際文化研究科論集』53号，97-121頁。

齋藤康輝（2012）「世界の憲法(1)　立憲君主国の憲法」『朝日法学論集』43号，111-117頁。

佐藤雪野（2017）「リヒテンシュタインの国家承認問題と第一次チェコスロヴァキア土地改革」『国際文化研究科論集』（東北大学）25号，57-66頁。

篠原一（1991）『ヨーロッパの政治──歴史政治学試論』（第 7 刷）東京大学出版会。

ズィーバー，ウルリッヒ（甲斐克則ほか訳）（2010）「リヒテンシュタイン事件における捜査──問題点と一次的回答」『早稲田法学』85巻 4 号，147-167頁。

新川匠郎（2017）「リヒテンシュタインにおける大連合の条件配列──17か国における比較の視座」『Cosmopolis』上智大学，13-22頁。

新川匠郎（2019）「リヒテンシュタインにおける新党の議会進出──西ヨーロッパ政党政治の再編への一考察」『選挙研究』35巻 2 号，103-120頁。

藤田憲資（2020）「リヒテンシュタインの特徴と，その変化──スイスとの比較，および税逃れ対策の強化による影響に着目して」『保健医療経営大学紀要』12巻 4 号，31-46頁。

前田朗（2005・2008）「軍隊のない国家　リヒテンシュタイン侯国①②」『法と民主主義』402号，58-63頁，433号，67-71頁。

水島治郎（2018）「オランダにおける王室の展開——時代の流れに沿って」水島治郎／
　　君塚直隆編『現代世界の陛下たち——デモクラシーと王室・皇室』ミネルヴァ書
　　房，109-111頁。
リヒテンシュタイン侯爵ハンス・アーダムⅡ世（日本リヒテンシュタイン協会訳）
　　（2016）『三千年紀の国家』郁文堂。

（こんの・はじめ：愛知県立大学）

第3部

権威主義体制下のクライエンテリズム

権威主義体制下の経済発展とクライエンテリズム
——一党制期コートジボワールを事例に——

佐藤　章［アジア経済研究所］

1　クライエンテリズム研究の2つの潮流と本研究の位置どり

　クライエンテリズムという概念は1970年代頃からおもに同時代の発展途上国での政治権力構造の特質を社会構造ないし社会慣行との関連で叙述する際に使われてきた（Scott 1972；Lemarchand 1972）。近年では競争的選挙下での票の獲得をめざす利益供与とその効果に注目するクライエンテリズム研究が新たな潮流を形成している（Stokes 2009；Stokes et al. 2013）。旧来の研究潮流と近年のそれとのあいだでは，クライエンテリズムの概念に一定の違いがある。前者においては一党制下のクライエンテリズムを語りうるが，後者で対象となるのは基本的に複数政党制下の事例である。前者ではリーダーのエリート層へのクライエンテリズムを語りうるが，後者が注目するのはエリート層の有権者への働きかけである。クライエンテリズムの概念は，長い研究史のなかで異なる潮流それぞれに適合する意味内容を備え，今日に至っているといえる。

　「政治体制と時代を超えて存続するクライエンテリズムの強靱さ」に着目する本号のなかで本研究はサハラ以南アフリカの事例を紹介する役割を担うものであるが，ここでは旧来の潮流におけるクライエンテリズム概念に依拠し，一党制期のコートジボワールに焦点を当てたい。同国では1960年の独立以来，F・ウフェ＝ボワニ（以下ウフェ）が大統領を務め，コートジボワール民主党（PDCI）が一党制を敷く体制が1990年の民主化まで

30年間続いた。一党制期コートジボワールの特徴は，個人支配的なリーダーであるウフェのもとで経済発展と政治的安定が実現され，サハラ以南アフリカにはまれな「安定と発展の代名詞」との評価を内外から受けたところにある。クライエンテリズムに支えられた権威主義体制であった一党制期コートジボワールにおいて，経済活動が阻害されず成長が実現されたのはなぜかという問いをとおして，クライエンテリズムが政治に作用するありかたについてひとつの事例を提供するのが本研究の狙いである。

　旧来の研究潮流に依拠しての事例検討は，近年の潮流では対象とされにくい事例も含めた包括的な視野の設定を可能にし，「政治体制と時代を超えて存続するクライエンテリズムの強靱さ」の多面的な把握に貢献するものと考えられる。また，クライエンテリズムという着眼点をとおして，これまであまり比較政治研究の対象とされてこなかった民主化以前のサハラ以南アフリカの事例に改めて光を当てることは，近年盛んになっている権威主義研究に対して事例の提供という点での貢献をなしうるものと考える。

　以下本研究では，第2節で一党制期コートジボワールの政治的安定と経済発展の関係についての問いを提示する。そこでの鍵となる政治的安定の内実をめぐり，第3節で，植民地期の政治的統合，独立後のリーダーとエリートの関係，同じく独立後のリーダー・エリートと国民・住民の関係についてそれぞれ分析する。分析を踏まえ，第4節では，一党制期コートジボワールにおける権威主義，経済発展，クライエンテリズムの関係についての本研究の主張を提示し，第5節で今後の研究課題を示す。

2　ポスト植民地国家における政治的安定と経済発展

　アジア，アフリカの新興国は独立直後から，政府と社会の関係を確立し，政治的秩序と国家建設を実現するという課題に直面した。社会的亀裂を無視して画定された領土を継承したポスト植民地国家にとり，これらの課題はとりわけ重大なものであり，その困難さゆえ「統合的革命」（integra-

tive revolution）との表現もなされる（Geertz 1963）。コートジボワール
もこの課題に直面した国のひとつである。コートジボワールの領土はフラ
ンスが19世紀末から西アフリカに領有した広大な地域の一部であるが，フ
ランスによる植民地化の前に今日のコートジボワールの領域が政治的に統
一されたことはなかった。コートジボワール国民は60以上の民族からなり，
宗教的にもキリスト教，イスラーム，伝統宗教と多様であるが，民族でも
宗教でも人口の過半数を占めるマジョリティは存在しない。

　「統合的革命」の課題へのコートジボワールの対応は的確であった。ウ
フェをリーダーとするPDCI一党制は独立直前に成立し，深刻な国内紛争
に直面することなく1990年まで続いた。国土南半部の熱帯雨林地帯での熱
帯産品の生産（とくにカカオ，コーヒー，木材）は，国土の北部と近隣諸
国からの移民労働者と入植者が数多く参入したことから急拡大し，とりわ
けカカオは1970年代以来世界最大の生産量を誇るに至った。独立から20年
にわたり国内総生産が平均で年率6.2％増を記録する経済成長が続き（原
口 1986：26），政府が潤沢な歳入を幅広い分野に再分配する好循環が展開
した。道路，港湾，ダムなどのインフラ整備，教育水準と保健衛生状況の
向上，公定買い取り価格制をとおした小農の収入保障，公営企業創設や地
域開発事業による雇用創出，非農業労働者の賃金水準の向上などが実現さ
れた。1人あたり国民所得は1950〜1974年のあいだに実質で2.7倍に増加
した（Den Tuinder 1978：3）。従来からプレゼンスの大きいフランス資
本やレバノン・シリア系の資本による投資も活発であった。これが「安定
と発展の代名詞」と謳われた一党制期コートジボワールの概要である。

　一党制に依拠した権威主義体制のもとで経済発展が実現したことをどの
ように解釈すればよいだろうか。政治体制と経済発展の関係について，既
存の議論では，「国が豊かになればなるほど権威主義となる可能性は低く
なる」という強い相関関係が指摘され，くわえて「民主主義は発展をもた
らすという主張は妥当」だとの認識も示されているという。民主主義と経
済発展の連関については，投資意欲の向上，公共財の十分な供給，腐敗の

減少，人的資源の開発などの介在が指摘されている。他方で，権威主義下で経済発展を実現する国も現に存在していることから，政治体制のありかたと経済発展の因果関係の解明にまではいたっていないとされる（Frantz 2018：31-36. 引用は邦訳51，53頁）。また，経済成長を実現した権威主義体制を説明する試みとして提起される「寛大な専制支配者」（benevolent autocrats）論――「専制的リーダーないし専制的システムのほうが民主主義よりも高成長をもたらすことがある」とするもの――については，その妥当性は支持されなかったとする指摘がある（Easterly 2011）。

　これらの先行研究が示唆するのは，権威主義体制下での経済発展の要因は権威主義であることそのものではなく，それとは異なる何らかの要素や条件に求めるべきということである。この「何らかの要素や条件」の解明には重要な意義がある。権威主義下で経済発展が起こった国のリーダーはしばしば，経済成長を誇示してみずからの統治を正当化するが，権威主義体制そのものとは異なる何らかの要素や条件が経済発展をもたらしたことを解明できれば，権威主義的支配を正当化する言説への反論となるからである。

　一党制期コートジボワールにおける「何らかの要素や条件」は何か。「安定と発展の代名詞」という世評から想起されるのは政治的安定である。だが，政治的安定と経済発展のあいだの相関ないし因果関係が実証されているわけではない。政治の安定度と経済発展の関係については，政治の「不安定性」（instability）が経済にもたらす悪影響の検討というかたちでおもに研究がなされてきた。具体的には，政府や閣僚の交代などを指標とし，その頻度が高まるほど経済成長にマイナスの影響が発生することが示されているのだが（Alesina, et al. 1996；Aisen and Veiga 2011），これらの研究はそのようなイベントの頻度が低下するほど経済成長が進むとまでは主張していない。むろん，政府や閣僚の交代が少ないほど経済成長しやすいとは直感的にもいえないだろう。単に政府や閣僚の交代がないということだけならば，腐敗した専制的な政権が長期間居座る事例も含まれるか

らである。これは政権の安定であるにしても，政治の安定とはいえまい。政治的安定を操作的に定義することにはこのように一定の困難がある。

　そこで本研究は，コートジボワールで実現されてきた政治的安定のありかたを質的な記述によって分析するアプローチをとりたい。分析枠組みとしては，権威主義体制下の政治を「典型的にはリーダー，エリート，および大衆の三つのアクターの相互作用を中心に展開される」ものとしたフランツの視座（Frantz 2018：21. 引用は邦訳37頁）に依拠し，リーダー（ウフェ），エリート（PDCI），大衆（国民・住民）という三者間関係を設定する。経済への作用については，これら三者間関係のいずれかもしくはすべてに対立的ないし抑圧的な関係が存在することにより，経済活動に阻害が及ぶ可能性があるものとここでは想定する。阻害の機序としては，先行研究の知見にもとづき，投資意欲や人的資源形成への阻害（政治の不確実性が高いことに由来）や公共財の供給不全（腐敗したエリートによる収奪や怠業に由来）などを想定する。

3　コートジボワールの政治的安定の分析

（1）　植民地期の政治的統合の成立

　一党制期コートジボワールの政治的安定は植民地期に確立された政治的統合に起源を持つ。まず植民地期のこの政治的統合について分析する。3点の特徴が指摘できる。

　第一に，ウフェとPDCIが先行者の地位を確立したことである。コートジボワールでの熱帯産品生産は1920年代頃からアフリカ人小農を主たる担い手として始まった。アフリカ人生産者は平時から安い買い取り価格を強いられ，第二次大戦期には植民地当局から厳しい物資供出圧力も受けた。このような差別的慣行への不満を背景に，みずからも農園経営者であったウフェが中心となり，アフリカ人農業組合（SAA）という小農と流通業者らの組織が1944年に結成された。SAAは植民地財界や植民地当局との

価格交渉などで成果をあげて組織を拡大し，その動員力を背景にウフェは政界へ進出した[2]。コートジボワールのアフリカ人がはじめて投票権を認められた1945年8月の植民地首府アビジャン市の市議会選挙でウフェは当選を果たし，同年に実施されたフランス本国の国会議員選挙（憲法制定議会選挙）にも当選を果たした。翌1946年にウフェは，フランス領アフリカでのアフリカ人の強制労働を廃止する議員立法をフランス国会で成立させ，アフリカ解放の重要人物として知られるようになった。PDCIは同じ1946年にSAAを母体にウフェをリーダーとして創設された。PDCIは創設時からコートジボワール政治の中核的勢力の位置にあった。

　第二に，ウフェとPDCIが植民地当局との協調関係を確立したことである。政界進出当初，ウフェはフランス共産党と連携し，反植民地主義を掲げた植民地横断的組織であるアフリカ民主連合（RDA）も設立するなど左派路線をとっていた。この路線はアフリカ人からの支持獲得に大きく貢献した。しかし東西対立の激化にともないフランス共産党の党勢が低下すると，ウフェとPDCIは植民地当局から露骨な弾圧を受けはじめ，植民地当局がPDCIの競合政党を支援したため選挙でも苦戦するようになった。状況の打開のためウフェは1950年にフランス共産党との連携を解消し，当時のフランス海外相ミッテラン（後のフランス大統領）を仲立ちにフランス政界との関係を再構築した。その後植民地当局も姿勢を緩和させ，ウフェとPDCIが当局と協調する植民地運営体制が成立した。ウフェはまた1956年2月のモレ内閣への入閣を皮切りに1959年までフランスの歴代内閣で閣僚を務め，フランスの対アフリカ政策のキーマンとしての地位を確立した。

　第三は，ウフェとPDCIがコートジボワールの他の政治勢力と連携関係を構築したことである。アフリカ人の投票権は段階的に拡大され，コートジボワール植民地でのアフリカ人有権者の数は1945年に3万人程度，1952年に20万人，1956年に88万人と飛躍的に増加し，普通選挙制が施行された1957年には148万人となった。年を追って新たに加わる有権者をターゲッ

トに新政党が続々と結成され，いくつかの政党が地域的な支持基盤を確立
した。ウフェとPDCIは重要な支持基盤である流通業者を動員した宣伝活
動（機関誌やパンフレットの配布）や地方遊説を積極的に展開する一方，
地方の政治勢力との連合を追求した。この点は選挙戦略に明確に表れてお
り，植民地議会選挙にPDCIは単独で臨んだことはなく，すべて政党連合
で臨んでいる（佐藤 2015：101-103）。1956年の最後の植民地議会選挙で
PDCI中心の選挙連合が定数60のうち58議席を獲得した。そしてこれを踏
まえ，フランス第5共和制のもとで創設されたフランス共同体という枠組
みのなかでの自治共和国化後の最初の立法議会選挙（1959年）で，はじめ
て単独政党名であるPDCI-RDAを掲げて選挙に臨み，[3]100議席すべてを獲
得することにより事実上の一党支配が実現された。この体制のもとでコー
トジボワールは1960年8月7日に主権国家として独立した。

　以上が植民地期におけるウフェとPDCIを中心とする政治的統合の特徴
である。反植民地主義路線から植民地当局との協調路線への転換は，独立
後も旧宗主国との政治経済的な紐帯を継続する路線への道筋をつけた。協
調路線はまた当局が支援してきた競合政党の存在意義を失わせ，ウフェと
PDCIが勢力を盛り返すことにつながった。他方，植民地期の政治的統合
は政治勢力間のおもに幹部レベルでの連携関係にとどまるものであり，大
衆レベルに根を下ろした支持が確立されていたわけではなかった点に注意
が必要である。くわえて，植民地当局との協調路線は当初の反植民地主義
路線と矛盾するものであり，ウフェは党内左派の押さえ込みという課題を
抱えることになった。

（2）　独立後の政治的統合の維持——ウフェとクライエンテリズム

　ウフェは党内左派への対応にいちはやく着手した。独立直前の1950年代
末から讒言や逮捕などの手段を用いて党内左派の弾圧が進められ，1963年
には100人以上の幹部党員を逮捕する大量粛清を経てウフェの党内での主
導権が確立された。独立直後に噴出した南東部での分離独立運動も厳しい

弾圧によって封じ込められた。このようにウフェは強権的な手段を用いて
みずからの支配的立場を確立した。

　研究者のあいだではウフェの統治のありかたについて1980年代までにほ
ぼ次のような共通理解が成立した。すなわち，その統治は「個別利害に基
づいて行われる，政治的支持に対する公的資源の配分」である政治的パト
ロネージをとおした「政治的なえこひいき」や「敵対的エリートの懐柔」
によって稼働しており，公的な関係が「属人化」（personaliser）された
「新家産制」的な特徴を備えるとされる（Médard 1982b；Fauré 1989；
Crook 1989）。独立後の政府高官の多くは独自の政治的資源をもたない，
「ポストと役得については完全にウフェに頼るのみのクライアント階層」
だとも指摘されている（Jackson and Rosberg 1982）。中央・地方での行
政機構の整備，国営企業の設立，大規模な地域開発事業などから生み出さ
れた公的なポストが政治的パトロネージの原資であった。さらにウフェは
いったん粛清した元幹部の再登用という手法を好んで用いた。政治的パト
ロネージがウフェにとって常套的な政治実践であったことがうかがえる。

　ウフェはまた懐柔策だけでなく，エリート層の統制にも積極的に取り組
んだ。党内での支配的立場の確立後，ウフェはPDCIの名誉党首の地位に
身を置き，政務・党務は国会議長を務める党ナンバーツーの幹事長に委ね
ていた。ウフェは1975年に自らが指示した憲法改正により，大統領の空席
が認定された場合は国会議長が正大統領に就任するとの規定を導入し，こ
の党幹事長を後継候補者として重用する姿勢を公に示した。だがその後，
一部のエリート層の腐敗や非効率な国営企業運営などについて国民からの
批判の声が上がるようになると，ウフェは一転して党内引き締めに乗り出
した。これにはウフェの高齢化にともない，後任の座をめぐる党内での派
閥抗争が激化していたことも背景にあった。ウフェが採用した引き締め策
を列挙すると，これまで重用してきた党幹事長の解任，大統領空席時に国
会議長に正大統領の座を継承するとした憲法規定の削除，独立期から重用
してきた複数の若手世代の重要閣僚の解任，みずからのPDCI党首就任，

党員による直接選挙で党支部幹事長を選出する制度の導入，次期国会議員選挙からの一党制下での競争的選挙の導入，である。

　一党制下での競争的選挙の導入がもたらした効果はとりわけ絶大であった。1960年から1975年までの4回の国会選挙は，党中央が作成した全国を1選挙区とする拘束名簿に対し賛否の票を投ずる方式で実施されてきた。一転して1980年の国会選挙では，全国を143の選挙区（小選挙区ないし中選挙区）に分け，各選挙区にはPDCI党員が自由に立候補できる制度のもとで実施された。この選挙に臨んだ現職議員81人のうち当選したのはわずか29人であった。この29人のうち，同じ方式で実施された1985年の選挙でも当選できたのは15人にすぎなかった。1980年代の2回の選挙をとおして党のエリート層の多くが失脚を余儀なくされたのである（佐藤 2015：138-139）。1970年代半ばからのウフェはこのように人事権，憲法改正，党機構，選挙法などを駆使して自らに対する挑戦を封じた。[4]

　まとめると，独立後の政治的統合は，ウフェが様々な抑圧と懐柔の手段を用いてエリート層を統制し，みずからの支配的な立場を守ることによって維持されたといえる。そのなかで党・国家・国営企業などのポストの付与（剥奪した後の再付与も含む）を用いた政治的パトロネージは重要な手段であった。この政治的パトロネージが機能するうえで，PDCI以外に主要なエリート層のプールが存在しないことは核心的に重要であった。エリート層が事実上の唯一党に集中していることで効果的な統制が可能となったのである。PDCI一党制はウフェがみずからの支配を維持するうえで重要な制度であり，その意味で党は統治の主体というより，ウフェの統治を支える手段であったといえる。

（3）　一党制期のリーダーと国民・住民の関係について

　サハラ以南アフリカ政治に関する研究では，国政のリーダーと上位のエリート層，上位のエリート層と下位にあるエリート層，下位のエリート層とその下位の有力者，といった具合に成層的にパトロネージ関係が構築さ

れ，最終的には一般の国民・住民にまで達するネットワークが形成されて
いるとするイメージがしばしば提示されてきた。たとえば，ブラットンら
は独立から1990年代の民主化までの時期のサハラ以南アフリカ諸国の制度
的特徴は新家産制だとし，「体系的なクライエンテリズム」（systematic
clientelism）が「あらゆるレベル」においてみられるとした（Bratton
and van de Walle 1997：61-64）。

　とはいえ，このようなパトロン・クライアント関係の連鎖ないしパトロ
ネージのネットワークの実態が具体的に解明されてきたわけではない。連
鎖ないしネットワークという捉えかたはサハラ以南アフリカの政治と社会
をイメージするためのモデルとしては有効だといえるが，実態を的確に描
出する記述原理としてどこまで有効なのかは実ははっきりしない。パトロ
ン・クライアント関係のなにがしかの連鎖が存在することはたしかだとし
ても，連鎖の両端（リーダーと一般の国民・住民）のあいだに，パトロ
ネージと呼びうるような利益の提供と義務の行使の関係があると断言する
ことまではできないように感じられる[5]。

　この認識の補足として，一党制期コートジボワールの地方での権力構造
について簡単にふれておきたい。リーダーと一般の国民・住民とをつなぐ
位置に民族，クラン，リネージ，村落などの権威者（伝統的権威，地方名
望家，行政首長など）がいるという構図は植民地支配を経験したサハラ以
南アフリカを見る際の理論的な想定のひとつとして妥当なものである。た
だ，これらの権威者が独立後に果たした役割は国によって大きく異なる。
地方統治の担い手として権限を維持した場合もあれば，新しい政府によっ
て影響力を削減された場合もある。コートジボワールは後者寄りの事例で
ある。独立後のコートジボワールではこれらの地方の権威者は党（PDCI）
の地方支部や行政の末端に組み込まれるか（Sylla 1985：38-40），中央か
ら派遣されてくる党員・行政官によって取って代わられるか（真島
1995：32）のいずれかであり，植民地期よりも自立性が大きく低下した。
一党制期コートジボワールでは地方の有権者を支配政党への支持に動員す

るマシーン政治が行われなかったことも指摘されている（Boone 1998：
11）。これらの先行研究を考慮に入れると，旧権威者がリーダーと大衆の
間の便宜と動員を仲立ちするブローカーとしての役割を果たしたというこ
とは，一党制期のコートジボワールにおいてはあまりあてはまらないと考
えられる。[6]

　このような認識を踏まえ，本研究では，リーダーと大衆の関係をクライ
エンテリズムという概念を用いて記述することは現時点では避けたい。サ
ハラ以南アフリカの一党制におけるリーダーと大衆の関係に関しては，ク
ライエンテリズムよりは，統治の全般的なありかたをとおした記述のほう
が実態に即しているとする考えをさしあたりここではとりたい。以下この
考えに沿ってコートジボワールでの状況を記述したい。

　ウフェの国民に対する統治のありかたについては，分離独立運動の弾圧
にみられるような強権的手法とならび，再分配や対話を重視する姿勢もま
た指摘されており，「権威主義と自由主義，権威と寛大さ，決然さと穏健
さの奇妙な結合が実現」された「父権的体制」（paternalistic regime.
Médard 1982b：61-62）や，「寛大な権威主義」（benevolent authoritari-
anism. Mundt 1997：185）といった評価もなされる。ただし，このよう
な評価は，同時期のサハラ以南アフリカに登場した極端に専制的なリー
ダーたち――ウガンダのアミン，ザイールのモブツ，中央アフリカのボカ
サなど――との対比で示されたものでもある。国民の政治的，市民的な自
由が大きく制約されていたことは一党制期のコートジボワールでも同じで
あった。

　一党制期のコートジボワールでは新聞，ラジオ，テレビは国営メディア
の独占であった。ウフェに対する批判は封殺された。労働組合，学生組織，
女性団体なども党公認の組織のもとに一元化された。ウフェの大統領選挙
での得票率は，毎回ほぼ100％に近い数字が記録された。これは強制的な
動員抜きには実現しえない数値といえるし，そもそも捏造の可能性も高い。
ウフェはしばしば，「あらゆる話題がタブーではない」とする「大対話集

会」なるイベントを開催し，国民各層の代表を前にメディアで生中継しながら数時間にわたり雄弁に持論を語った。国民の前に姿をさらし，肉声で語ることによって，カリスマ的な支配者であることを内外にアピールする一大イベントであった。だがこれとても，すでに神話化の一部にほかならない。懐柔に応じない非PDCIのエリートに対する圧力は厳しく，1980年代から始まった民主化運動の活動家は非公式の地下活動を行うか，国外での生活を余儀なくされた。ウフェは紛れもなく専制支配者であった。

　では再分配についてはどうだろうか。前述のとおり，一党制期コートジボワールでは，小農への農産物買い取り価格の保障，雇用の増加，賃金水準の向上，教育水準の向上，保健衛生状況の改善などが実現されており，総合的にみて国民の厚生に資する状況があったといえる。それを支えたのは経済の基軸である熱帯産品部門の発展であるが，これについては，栽培適地の開墾の促進（開墾者に土地所有権を認める制度の導入）がとくに重要であった。この制度に惹かれ，産業や換金作物に乏しい同国北部や周辺諸国（とりわけ北隣の内陸国であるブルキナファソ）から多くの移住者が流入し，栽培面積は飛躍的に拡大した。同じカカオ生産国でありながら政府介入を強めたことが原因で生産が低迷した隣国ガーナと比べ，コートジボワールにおける農業政策は，公定買い取り価格制などの介入策を採用しながらも基本的には自由放任的で規制が少なく，そのことが成功の鍵となったとされる。

　移住，開墾から収穫までの期間（カカオ樹の結実は植え付けから5年程度を要する）を考えると，カカオ生産は小農にとって多大な先行投資を必要とするといえる。また，小農経営であるため耕作地は居住地でもある。このようなタイプの農村にとり，社会の安定と治安の維持はとりわけ核心的な生産条件だといえる。社会の安定や治安はむろんあらゆる経済活動にとって好適なものといえるが，限られた地域で集約的に操業される資源採掘の場合には，当該施設の警備がなされてさえいれば，社会全般での治安の悪化からの悪影響はさほど大きくないであろう。小農主体の農業に基盤

を置くコートジボワールの国民経済は，政治と治安の安定からとりわけ大きな便益を受けたといえよう。

　農業以外の部門への働きかけとしては，フォーマルセクターの雇用における自国民比率の向上——いわゆる「イボワール化」（ivoirisation）——が国民の関心が高い課題であった。独立後のコートジボワールでは，官公庁や民間企業の雇用においてフランス人や他の旧フランス領植民地出身のアフリカ人が比較的多いという特徴がみられた。コートジボワール政府は親仏路線であったものの，国民のあいだには一定の反仏感情が存在しており，雇用の場におけるフランス人の大きなプレゼンスは国民感情の機微にふれる問題であった。また，コートジボワール人以外のアフリカ人がフォーマルセクターの雇用に就くことを問題視する考えも一部の国民のあいだに根強く見られた。このような背景のもとコートジボワール政府は，イボワール化政策を担当する閣僚を置き，管理職層におけるコートジボワール人比率の引き上げや外国人の昇進を控えることなどを企業に対して指示するなどの施策を行った（原口 1972）。

　ただ，コートジボワール社会が多数の外国人を含む多様な社会であることを肯定的に捉える考えを支持する国民も多く，一党制期の政府の公式のイデオロギーとしても軸足は多様性の重視にあった。政府のこのようなスタンスは外国人入植者が開墾地を所有できる制度に端的に表れている。また独立前後期の選挙では，出身がコートジボワールではないアフリカ人にも投票権が認められていたが，この慣例は独立後にも継承され，1990年まで外国人が国政選挙への投票権を行使することが認められていた。これらの施策については，外国人に対して居住，営農，財産形成などの便宜を提供し，その見返りに経済活動への参画（ゆくゆくは歳入への貢献）とウフェへの政治的支持を求めるものであったと評価できる。サハラ以南アフリカでは，権威主義的なリーダーが排外主義に訴え，自らに対する自国民の支持を喚起しようとする例がしばしばみられるが[7]，このような政策は外国人の居住権や財産権を深刻に毀損し，国民経済にも多大な打撃を与える。

このことを念頭に置くと，コートジボワールでイボワール化政策と平行して外国人の居住や入植を促す政策がとられたことは，二重基準の矛盾した政策選択のようにみえるが，経済への悪影響を小さく抑える効果を持ちうる組み合わせとして捉えることができるかもしれない。

4　権威主義，経済発展，クライエンテリズム

（1）　一党制期コートジボワールにおけるクライエンテリズムの評価

　一党制期コートジボワールにおけるリーダー，エリート，大衆の関係に関する以上の分析を踏まえ，権威主義，経済発展，クライエンテリズムの関係に関して検討したい。まず，本研究の最初の課題である，一党制期コートジボワールにおける政治的安定の具体的記述に関しては，植民地期に確立されたウフェとPDCIを中心とするエリートレベルでの政治的統合が，独立以後はおもにウフェの行使する抑圧と懐柔の諸策をとおして維持されたことを示した。エリートの統制を可能にした条件としては，政府の豊かな財政が公的ポストの入手可能性を高めたこと（＝リーダーがクライエンテリズムの豊富な原資を手にした），エリート層が独自の資源を持たない党・国家官僚の性格を強く持ったこと（＝エリート層のリーダーへの依存度が高かった），PDCIがエリート層を広く包含する人材プールであり続けたこと（＝リーダーにとり党はエリート層の統制手段となった）が重要であった。

　次に，政治的安定におけるリーダーと大衆の関係に関しては，クライエンテリズムを介した支配として記述できるものではないものの，経済成長から得た豊かな歳入を政府が公共財（教育，インフラなど）の拡充や雇用創出をとおして国民に再分配するしくみが機能したことがみてとれる。経済の好況が維持されたことで農業部門，非農業部門とも所得水準が向上した。雇用の場での外国人の存在という一部の国民の相対的剥奪感を刺激する事態に対しても，政府は自国民化政策の推進によって対応した。経済を

支える労働力の確保という点ではまた，外国人の入植を促進する施策が重
要であった。他方，国民の政治的，市民的自由は制限されており，国民は
エリート層の腐敗に対してある程度の不満を表明することができたものの，
リーダーを直接批判することはできなかった。

　これら2点を踏まえ，権威主義体制下での経済発展をどのように考えた
らよいかという，本研究の中心的な問いについて検討したい。独立まもな
い国に政治的秩序を確立する必要に迫られたリーダーが，国家の資産を扱
いうる権限を利用して縁故者や「お気に入り」にこれらを分配し，「共に
財産に与る」小さなサークルを作りあげ，政治的な実権を維持するしくみ
を作りあげるのが，権威主義体制が成立する際のひとつの典型的なパター
ンといえる。そして，権威主義体制下では，この小さなサークルによる国
民経済への介入が収奪的ないし寄生的（政府は課税するばかりで再分配も
経済振興も行わない）であることによって経済成長が阻害されるという道
筋が想定される。

　コートジボワールの場合にも，ウフェとPDCIが自分たちの立場を利用
して国家の資産を排他的に占有する体制を作りあげていく経路がありえた
と考えられる。実際，独立後のウフェはクライエンテリズムを政治的支配
の手段として用いたのだったし，エリート層も国民からの批判を受けるよ
うな腐敗行為を行っていたわけであるから，コートジボワールもまた「よ
くある」権威主義体制の成立過程を一定程度はたどったのだといえる。

　しかしながら，一党制期コートジボワールの場合には，クライエンテリ
ズムをとおして結びついたリーダーとエリート層のサークルが，国家の資
産の大半を私物化したり，重い課税によって国民経済から収奪したりする
ことが——程度の問題としても結果論としても——起こらなかったように
みえる。民主主義と経済発展をつなぐ媒介項として想定される人的資源の
形成や公共財の供給は一党制期のコートジボワールにおいて比較的実現さ
れたといえる。たとえば，主要道路から離れた村落にも農作物の集荷ト
ラックが入れるよう農道や林道を整備したり，初等・中等教育を拡充して

就学率を上げたり，非農業部門の雇用を創出したりといった社会経済的な開発政策は広く実施された。すなわち，これらの政策を実施するだけの財源は──エリート層が収奪したのだと仮定してもなお──十分に残されていたわけである。

　公的な財源に恵まれたことだけではなく，財源をもとに有効な政策を実施できる官僚制が存在したことがコートジボワールの重要な特徴だと指摘する研究がある（Crook 1989）。官僚制の担い手である公務員ポストの拡充がリーダーによるクライエンテリズムの重要な手段であったことを踏まえると，ここにはエリート層の懐柔策の結果として官僚制が整備されていったという側面をみいだすことができよう。そして，一党制期コートジボワールで実現された諸政策をみるかぎり，官僚制は単なる寄生的なエリートのプールと化してしまうのではなく，行政実践の向上に資する方向で機能したという評価のほうがむしろ現実に即していると考えられる。

　以上のように検討してくると，コートジボワールにおけるクライエンテリズムは，「少数の者からなるサークルが国家の資産を独占し，国民経済を収奪する」というイメージとは若干異なるもののようにみえる。そこにほのみえるのはむしろ，「豊かな財源をもとに比較的大きなクライアント階層のサークルが形成され，国民経済の振興につながる政策実践に動員されている」というイメージである。「クライエンテリズムをとおして一定程度の政策実務能力を持つ官僚制が整備された」と表現することもできるかもしれない。そしてこのような官僚制の存在が，ある程度有効な社会経済政策の実施を可能とし，コートジボワールの経済成長の持続をもたらすひとつの要因となったのではないか。一党制期コートジボワールにおける「何らかの要素や条件」とは，リーダーがクライエンテリズムを使って権威主義的な統治を確立する過程で生み出されたエリート層がはからずも果たしえた行政能力ではないだろうか。これが権威主義体制下の経済発展という論点について，一党制期コートジボワールの分析から導き出せるひとつの仮説的な主張である。

（2）　本研究の主張へのいくつかの補足説明

　この主張の趣旨を明示するためにいくつか補足説明を行いたい。第一に，冒頭で述べたことの再確認であるが，この仮説は旧来からの研究潮流におけるクライエンテリズム概念に依拠し，クライエンテリズム的な関係をリーダーとエリートのあいだにみいだすことにより成り立つものである。旧来の研究潮流に依拠することにより，近年の研究潮流の射程の外に置かれる事例についてクライエンテリズムという観点から再評価を行うことを本研究では追求した。個人支配的な一党制についてクライエンテリズムという概念を用いて分析する研究は実際に存在してきたものであり（たとえば Médard 1982a），そのような先行研究とも呼応しながらクライエンテリズム研究をさらに深化させることを本研究ではめざした。

　第二に，この仮説は権威主義体制の類型分類に関する議論への貢献が期待できるものである。権威主義体制の比較研究において多大な存在感を示すゲッデス，ライト，フランツによる権威主義データベース[8]では，一党制期コートジボワールは，これに続く1990年の民主化以降の時期も含めて「政党型」と分類されている。これはウフェ政権期をPDCIによる統治体制として位置づける見解といえる。ただ，本研究での検討では，一党制期コートジボワールでのPDCIは統治の主体というより，ウフェの統治を貫徹するための道具とみなされるものであった。PDCIがリーダーの指導を超えて組織としての自立性を発揮していたとはいえないように思われる。クライエンテリズムという観点からの再検討により，一党制期コートジボワールの個人支配的側面とそこでの事実上の唯一党の役割についてより実態に即した理解が可能になると考えられる[9]。

　第三にこの仮説は，一定の能力を有する官僚制の誕生の要因を，有能な官僚制が誕生するための必須条件とされるメリトクラシーにではなく，その対極ともいえる属人的な政治介入であるクライエンテリズムに求めるものといえる。むろん本研究は，メリトクラシーの効果を否定するものではなく，メリトクラシーよりもクライエンテリズムのほうが有効だと主張す

るものでもない。本仮説によって示したいのは，何らかの理由——たとえばポスト植民地国家が直面する国家建設がそもそも困難なものであることや植民地支配に由来するエリート層の人材不足など——によってメリトクラシー重視の人材育成策をとれなかった国でも，一定の機能を果たす官僚制を備えうることがあるという論点である。独立前後期のコートジボワールでウフェが主導した党内左派の粛清は，政治的秩序の確立という成果をもたらす一方で，独立後の国家運営に参画しうるエリート予備軍を大量に排除するものでもあった。政治的秩序の確立とメリトクラシー重視の人材登用が両立しない状況がそこにはあった。そのような経験を経てもなお官僚制の質を一定程度維持しうる状況が存在することは，むろん，その維持に貢献した要因は別途検討する必要がある——この点は本研究で検討が欠けている点である——との留保付きではあるが，経験的な知識として確認しておくことに意義があると考える。

　第四に，リーダーとエリートが大衆と取り結ぶ関係の評価に関してである。本研究では，前者（リーダーとエリート）と後者（大衆）のあいだには，クライエンテリズム的な関係を含めた直接的な関係はみいだしにくく，権威主義的な抑圧と動員のもとで大衆が再分配や治安維持などの一定の利益を享受する状況が存在したという点を指摘した。この状況に対する解釈として，経済成長やガバナンス能力に対する大衆的な支持がコートジボワールの政治的安定をもたらしたのではないかという考えかたが提示されうるかもしれない。また，この考えかたに依拠することにより，リーダーとエリートは大衆とのあいだにプログラム的なリンケージを確立することによって安定的な統治を実現したという言いかたが可能なのではないかとの考えも提示されうるかもしれない。これらの解釈が妥当である可能性はある。また，仮に妥当である場合，リーダーとエリートの間にクライエンテリズムが存在する国であっても，大衆が同様にクライエンテリズムによる不平等な資源配分を甘受させられたり，自立的な経済活動を妨げられたりするとは限らない，という知見を一党制期コートジボワールの事例は提

起しうるのかもしれない。

　とはいえ，妥当性の検証には難しいところがある。ウフェとPDCIに対する大衆的な支持が仮に存在したとして，その支持を生み出した要因が政策への評価だったのか，動員やプロパガンダによるものだったのかを区別して効果を測定することは困難である。そもそも事実上の唯一党以外の選択肢がない状況で大衆がリーダーとエリートを支持するとはどういうことなのかという問題もある。また，サハラ以南アフリカのポスト植民地国家については，国家は社会に構造的に根ざしてはおらず，「宙に浮いた気球」のようなものだとする認識も提起されてきている（Hyden 1983：19）。この認識を踏まえれば，サハラ以南アフリカの国家——とりわけ独立からまもない時期の国家——と大衆の関係は，リーダーやエリートの側からの積極的な働きかけの産物というよりは，働きかけの不在という一種の放置状態の帰結にすぎないとみることもできるのかもしれない[10]。これらの様々な可能性を踏まえつつ，一党制期コートジボワールにおいてリーダーとエリートが大衆と取り結ぶ関係のありかたをどのように適切に記述ないし概念化できるかについては今後もさらに検討していく必要がある。

5　今後の研究に向けた論点

　以上本研究では，政治体制と時代を超えて存続するクライエンテリズムの強靱さに着目し，かつ，権威主義に関する近年の研究関心の高まりに応答すべく，一党制期のコートジボワールに関する事例提供を行った。そこでは，クライエンテリズムが一党制下において果たす役割について検討するという基本的関心のもとに，権威主義でありながら経済発展が実現されたというコートジボワールの特徴をどのように説明できるかという操作的な問いを立てて考察を行った。考察では，リーダー，エリート，大衆の三者間関係を分析の枠組みとして設定し，植民地期政治における政治的統合の成立，独立後の政治的統合の維持，独立後のリーダーと国民の関係につ

いて再構成を行った。それを踏まえ，クライエンテリズム，権威主義，経済発展の関係について考察を行い，リーダーが行使したクライエンテリズムをとおして一定程度の政策実務能力を持つ官僚制が整備され，そのことがコートジボワール経済の成長を持続させる政策の実施に寄与したのではないかとの仮説を提示した。

　この仮説を踏まえた今後の研究に向けた論点を記したい。それは一党制期コートジボワールが次の時代にいかなる遺産を残したのかということである。一党制終焉後のコートジボワールが直面した問題は数多くある。貧困率は1990年代に深刻化し，都市から農村へ還流する人びとが増え，農村では土地不足が深刻化した。これを背景に，農村部に定着していた外国人入植者がコートジボワール人から襲撃される事件が頻発するようになった。排外主義の高まりとともに，隣接国との文化的親近性が高いコートジボワール北部の住民に対する差別が横行するようになった。このような動きとも連動しながら政党間対立も暴力化の度合いを高めた。1999年には待遇改善を求める兵士の反乱が軍事クーデタへと発展し，翌年に民政移管が実現したものの，2002年には軍事政権の残党らが挙兵して内戦となり，国土は反乱軍が支配する北部と政府側が支配する南部に分断された。長い和平交渉を経てようやく2010年に大統領選挙が実施されたが，敗北という結果の受け入れを拒んだL・バボ大統領が政権に居座り，選挙に勝利した挑戦者側が組織した軍隊とのあいだで新たな内戦へと展開した。この内戦は国連PKOの軍事介入を利した挑戦者側の勝利に終わり，挑戦者であったA・D・ワタラを大統領とする政権が2011年5月に成立した。ワタラ政権下では比較的安定が続いたが，2020年に野党の反対を押して三選出馬を強行して当選したことから，与野党間に深刻な対立関係が生じることとなっている。

　このように一党制終焉後のコートジボワールには，かつての「安定と発展の代名詞」の面影が消え失せている。このような極端な変化は突然に起こるものなのだろうか。一党制期の「安定と発展」の陰で進行していた何

らかの変化がこのような事態を導いたのではないだろうか。過去の権威主
義体制が現在に影響を与え続けている可能性がある。一党制期コートジボ
ワールとポスト一党制期のコートジボワールの関連という視点からさらに
事例研究を深めていく余地が残されている。

付記：本論文は日本比較政治学会2021年度研究大会における共通論題「クライエンテ
　　　リズムをめぐる比較政治学」での報告「ポスト植民地国家の統合的革命とクライ
　　　エンテリズム――コートジボワールを事例に」をもとに大幅な加筆修正を行った
　　　ものである。パネルにおいてコメントと質問をお寄せくださった中田瑞穂会員，
　　　稗田健志会員，馬場香織会員，フロアから質問をお寄せくださった会員各位，筆
　　　者からの求めに応じコメントをお寄せくださった牧野久美子，川村晃一，山尾大，
　　　菊池啓一，今井宏平の各会員に御礼申しあげる。今後の研究展望について示唆に
　　　富むコメントをくださったレフェリーにも感謝申し上げる。

注

1） ウフェは1905年にコートジボワール中部の首長の家系に生まれた。植民地行政に
　　携わるアフリカ人人材育成のためにフランスが設置した高等教育機関に学び，補助
　　医の資格を取得し，フランス領西アフリカ各地で保健衛生業務に従事した。官吏と
　　しての給与や首長位に由来する保有地などを元手に1940年代から輸出作物の栽培を
　　始め，大規模な経営面積を有するコートジボワール有数の農園主となっていた。

2） SAAの組合員数は発足の2年後に2万人に達した。1945年のコートジボワール
　　植民地でのアフリカ人有権者数は3万人程度であった。

3） PDCIは，植民地横断的な政治組織であるRDAのコートジボワール支部との位置
　　づけであるため，正式名称の略号は「PDCI-RDA」である。

4） 軍に対してウフェは，1968年に「軍人と将校は国民の行政に参画する職務を持ち，
　　責任ある文官ポストを全うすることができる」との見解を示し，数多くの将校を地
　　方行政（知事など），税関，国営企業などの文官ポストに任命するなどの懐柔策を
　　とった。待遇や任務に関する不満は1970年代以降何度か起こった将校・兵士らによ
　　る小規模な反乱で表明されたが，政治的な動きにつながることはなく，一党制期を
　　つうじて懐柔策がほぼ有効に機能したといえる。コートジボワールで軍が政治的な
　　存在感を示すようになるのは民主化以降のことである（Kieffer 2000；佐藤 2002）。

5） この点に関しては，サハラ以南アフリカにおいて，「1960年代から70年代の一党

制時代に形成された支配者を頂点とするパトロン・クライアント・ネットワークは，大衆と密接な関係を持っていなかった」とする指摘（武内 2009：62）も参考になる。

6）　ただし，独立後にいったん低下した地方の旧権威者の存在感が時代の経過とともに再び高まってくる現象がサハラ以南アフリカではしばしば観察されている。一党制期のコートジボワールで旧権威者が影響力を低下させたのだとしても，その状態がその後も永続したとはかぎらないだろう。競争的な選挙の導入が地方レベルでの権力構造や政治的動員の質を変化させるきっかけとなることは十分に考えられることであり，1980年代の一党制下での競争的選挙の導入により，旧権威者の存在感になんらかの変化がもたらされた可能性はある。この点はエリートと大衆の関係の再編という観点から重要な論点であり，今後の検討が求められる。

7）　ウガンダのアミン政権が行ったインド人排斥運動が代表例である。

8）　Geddes, B, J. Wright and E. Frantz. Autocratic Regime Data.（https://sites.psu.edu/dictators/）

9）　これはデータベース作成者への批判ではない。評価の差の背景にある着眼点の差は政治体制の評価をめぐる議論をさらに深めるための興味深い糸口になると考える。

10）　ただし，その後の時代の経過とともに，とりわけ1990年代に民主化という事象を経験したあとについては，一党制期にくらべて国家と社会のあいだの構造的な結びつきがより強化された可能性はある。その中でエリートと大衆の間の関係がクライエンテリズムを介して再編されていることもまた可能性としては考えられる。このような時代の変化もまた今後検討を要する点と言える。

参考文献

Aisen, A., and F. J. Veiga（2011）"How Does Political Instability Affect Economic Growth?" IMF Working Paper.（https://www.imf.org/external/pubs/ft/wp/2011/wp1112.pdf　2021年5月7日アクセス）

Alesina, A., S. Özler, N. Roubini and P. Swagel（1996）"Political Instability and Economic Growth," *Journal of Economic Growth* 1(2)：189-211.

Boone, Catherine（1998）"State Building in the African Countryside：Structure and Politics at the Grassroots," *The Journal of Development Studies* 34(4)：1-31.

Bratton, M., and N. van de Walle（1997）*Democratic Experiments in Africa：Regime Transitions in Comparative Perspective*. Cambridge：Cambridge University Press.

Crook, Richard（1989）"Patrimonialism, Administrative Effectiveness and Economic Development in Côte d'Ivoire," *African Affairs*（351）: 205-228.

Den Tuinder, Bastiaan A.（1978）*Ivory Coast : The Challenge of Success.* Baltimore and London : The Johns Hopkins University Press.

Easterly, William（2011）"Benevolent Autocrats," Development Research Institute Working Paper, No.75.（https: //wp. nyu. edu/dri/2011/05/31/publications-benevolent-autocrats/ 2021年4月28日アクセス）

Fauré, Yves-André（1989）"Côte d'Ivoire : Analysing the Crisis," in D. B. Cruise O'Brien, J. Dunn and R. Rathbone（eds.）, *Contemporary West African States* : 59-73. Cambridge : Cambridge University Press.

Frantz, Erica（2018）*Authoritarianism : What Everyone Needs to Know.* Oxford : Oxford University Press.（邦訳：エリカ・フランツ『権威主義——独裁政治の歴史と変貌』上谷直克・今井宏平・中井遼訳 白水社 2020年）

Geertz, Clifford（1963）"The Integrative Revolution : Primordial Sentiments and Civil Politics in the New States," in Clifford Geertz（ed.）, *Old Societies and New States : the Quest for Modernity in Asia and Africa* : 105-157. New York : The Free Press of Glencoe.

Hyden, Goran（1983）*No Shortcuts to Progress : African Development Management in Perspective.* London, Ibadan and Nairobi : Hainemann.

Jackson, R., and C. G. Rosberg（1982）*Personal Rule in Black Africa : Prince, Autocrat, Prophet, Tyrant.* Berkeley : University of California Press.

Kieffer, Guy-André（2000）"Armée ivoirienne : le refus de déclassement," *Politique africaine*（78）: 26-44.

Lemarchand, René（1972）"Political Clientelism and Ethnicity in Tropical Africa : Competing Solidarities in Nation-Building," *American Political Science Review* 66(1) : 68-90.

Médard, Jean-François（1982a）"The Underdeveloped State in Tropical Africa : Political Clientelism or Neo-patrimonialism?" in C. Clapham（ed.）, *Private Patronage and Public Power : Political Clientelism in the Modern State* : 162-192. London : Frances Pinter.

———（1982b）"La régulation socio-politique," in Y.-A. Fauré et J.-F. Médard（dir.）, *Etat et bourgeoisie en Côte d'Ivoire* : 61-88. Paris : Karthala.

Mundt, Robert J.（1997）"Côte d'Ivoire : Continuity and Change in a Semi-

Democracy," in J. F. Clark and D. E. Gardinier (eds.), *Political Reform in Francophone Africa* : 182-203. Boulder : Westview Press.

Scott, James C. (1972) "Patron-Client Politics and Political Change in Southeast Asia," *American Political Science Review* 66(1) : 91-113.

Stokes, Susan C. (2009) "Political Clientelism," in R. E. Goodin (ed.), *The Oxford Handbook of Political Science* : 648-672. Oxford : Oxford University Press.

Stokes, S. C., T. Dunning, M. Nazareno and V. Brusco (2013) *Brokers, Voters, and Clientelism : The Puzzle of Distributive Politics*. Cambridge : Cambridge University Press.

Sylla, Lanciné (1985) "Genèse et fonctionnement de l'Etat clientéliste en Côte d'Ivoire," *Archives européennes de sociologie* (26) : 29-57.

佐藤章（2002）「コートディヴォワールの軍隊改革——「巨大な唖者」の反乱を経て」『アフリカレポート』34号　42-47頁。

――――（2015）『ココア共和国の近代——コートジボワールの結社史と統合的革命』アジア経済研究所。

武内進一（2009）『現代アフリカの紛争と国家——ポストコロニアル家産制国家とルワンダ・ジェノサイド』明石書店。

原口武彦（1972）「コート・ジボワールの外国人関係企業」矢内原勝編『「アフリカナイゼーション」の意味と現実』アジア経済研究所　113-183頁。

――――（1986）「コート・ジボワール経済の奇跡的成長と危機」『アジア経済』27巻5号　25-44頁。

真島一郎（1995）「コートディヴォワール最高裁長官クイ・ママドゥ氏の家系」『アフリカレポート』21号　30-36頁。

（さとう・あきら：アジア経済研究所）

CHAPTER

6

現代ヨルダン権威主義体制におけるクライエンテリズムの頑強性
——2010年代の選挙制度改革の分析から——

渡邊　駿［日本エネルギー経済研究所］

1　アラブ政変後の中東におけるクライエンテリズム

　2011年のアラブ政変に代表されるように，2010年代の中東権威主義体制諸国では，権威主義体制への異議申し立てが断続的に見られている。その中に見られる特徴の一つとして，統治者，およびそれを取り巻く支配エリートによる蓄財や汚職に対する不満の声が挙げられる。

　その背景には，1990年代中頃からの新自由主義的な改革による，経済格差の拡大がある。中東諸国は独立後の国家形成過程において，権威主義的支配の受容と引き換えに，軍をはじめとした公共部門での雇用や社会保障を提供するという「社会協定（social pact）」を取り結んできた（Ruiz de Elvira, Schwarz, and Weipert-Fenner 2019b：1）。これは権威主義体制を支える支配エリートに国家資源へのアクセスを可能とし，それによって，支配エリートと人々との間にクライエンテリズムが成立した。しかし，このような「社会協定」は公共部門の肥大をもたらして国家財政を圧迫した。結果，国によってばらつきはあるものの，1970年代から1990年代中頃にその「協定」の維持は困難になり，政治的自由の拡大要求を含む，大衆抗議運動が各地で勃発することとなった。このような状況に対応するため，中東諸国は政治的，経済的な自由化政策を導入した。しかし，政治的自由化は限定的なものにとどまり，権威主義体制が維持されたほか，新自由主義的な経済自由化政策によって生まれた新しい政治的，経済的な機会を利用

したエリートがクライエンテリズム[1]を維持してきた（Heydemann ed. 2004）。

　アラブ政変は多くの国で大衆抗議運動を引き起こしたが，体制転換へとつながったのは一部の国々にとどまり，多くの国は権威主義体制を保持した。中東諸国において，このような変動はクライエンテリズムにどのような影響を与えているのだろうか。本稿はヨルダンにおける2010年代の選挙制度改革を事例として取り上げ，アラブ政変に続く変動の時代においてクライエンテリズムが存続するメカニズムを検討する。ヨルダンはアラブ政変によって大衆抗議運動が発生したものの，体制の保持に成功した権威主義の君主制である。権威主義の君主制という制度配置のもと，どのようにクライエンテリズムが成立し，アラブ政変に影響を受けながらどのようにこれが維持されているのかという点を明らかにする。

　本稿の構成は以下の通りである。第2節では，政治学におけるクライエンテリズム研究の動向を踏まえた上で，中東におけるクライエンテリズムの先行研究を概観し，本稿の位置付けを論じる。第3節ではLust（2009）の競争的クライエンテリズム論を手がかりに，ヨルダンにおけるクライエンテリズムの成立基盤を整理する。ヨルダン権威主義体制を支える諸要素と体制建設過程で生まれた特徴が競争的クライエンテリズムをどのように成立させているのかを明らかにする。第4節では選挙法改正を中心とした2010年代のヨルダンにおける政治改革の過程を追い，選挙制度に変更が行われながらも競争的クライエンテリズムの構造が保持されたことを示す。最後に第5節では本稿の示唆を論じる。

2　中東におけるクライエンテリズムの先行研究

　政治学におけるクライエンテリズム研究において，初期の研究は社会学や人類学の知見をもとに，パトロンとクライエントの間で結ばれた個人間の直接な関係に注目していた。その後，発展途上世界での民主化の波を受

け，政党が政治的な支持の動員を得るためにどのような誘因を与えるかという点に注目が集まり，政治家とクライエントを結ぶブローカーやネットワークの役割に注目する研究へと関心が移行してきた。このような研究動向の変化により，従来は政治体制を問わず，様々な形態の体制が対象となってきたが，近年では民主主義におけるクライエンテリズムが中心を占める状況になっている（Hicken 2011：296-299；Stokes 2011：653）。

　中東研究におけるクライエンテリズムの研究動向に目を向けてみると，政治学における初期の研究動向と同様，社会学や人類学をベースとした研究の蓄積が大きいものの，近年では政治学に主眼を置いた研究も見られるようになってきている。例えば，Heydemann ed.（2004）は，近年の中東諸国での経済改革を通じ，統治者や支配エリートがクライエンテリズムを再構成し，権威主義体制を維持している面を明らかにしているほか，El Tarouty（2015）はエジプトのムバーラク政権期を対象として，権威主義体制からの取り込み（co-optation）に対してビジネスマンが発揮するエージェンシーを明らかにしている。さらに，選挙に着目した研究として，Lust（2009）は中東の権威主義体制における選挙が政策をめぐった争いではなく，国家の資源へのアクセスをめぐった争いとなっているとする「競争的クライエンテリズム（competitive clientelism）」論を唱えているほか，Corstange（2017）は選挙での支持に対する政治家から有権者に対する見返りが，集団における競合性が高まれば高まるほど大きくなり，単独の指導者に支配された集団においては見返りが小さくなるというという「民族的買い手独占（ethnic monopsony）」仮説を提起し，イエメン，レバノンの事例研究を通じてこれを示している。

　このような発展が見られる一方，アラブ政変後の2010年代を取り上げた研究はまだ発展途上であり，「依存のネットワーク（networks of dependency）」というキーワードのもと，多様なアクター間の相互依存関係に着目してアラブ政変後の中東におけるクライエンテリズムを論じた論集が見られる程度である（Ruiz de Elvira, Schwarz, and Weipert-Fenner eds.

2019a）。アラブ政変後の中東権威主義体制の持続性とそのもとで生じる変化に関する研究が徐々に見られている中（髙岡・溝渕編 2019；Cammett et al. 2015），中東権威主義体制研究においてクライエンテリズムという観点からの貢献も必要とされている。

　本稿が取り上げるヨルダンは長い議会政治の歴史を持つが，1956〜92年の政党活動非合法化の時代を経て，1992年より複数政党制を導入しているものの，民選議会の役割が限定された権威主義体制であるほか，政党が脆弱であるという特徴を持つ。したがって，権威主義体制という条件下で，政党によらずにどのように政治家はクライエントと関係を築き，利益の提供と引き換えに政治的支持を得ているのか，という点がまず明らかにされねばならない。次節ではLust（2009）の競争的クライエンテリズム論に沿ってこれらの点を明らかにする。

3　ヨルダンにおける競争的クライエンテリズムの成立基盤

　競争的クライエンテリズム論は，統治者と議会の関係，民選議員と有権者の関係という 2 つのレベルに注目して中東の権威主義体制において選挙が果たす役割を論じた議論である。権威主義統治者は議会での反体制派の統制を志向し，議員に対して体制への支持と引き換えに国家資源へのアクセスを許容する。一方，議員はこのアクセスを利用し，支持者に対して公共サービスに際しての便宜，公共部門での雇用や生活援助の提供といった利益の提供を行う。このようにして，選挙がクライエンテリズムの場として機能することにより，権威主義体制が保持されるというメカニズムである。

　Lustは1990年代〜2000年代初頭のヨルダン政治の検討からこのメカニズムを見出し（Lust-Okar 2006），のちに現代中東の権威主義体制に一般に妥当するメカニズムとしてこれを論じている（Lust 2009）。政治的自由化，経済的自由化が唱導されながらも権威主義体制が保持されるという，1990

年代～2000年代頃の中東政治の状況に即した研究であるといえると同時に，それまで十分に注目されてこなかった，中東の権威主義体制における選挙を取り上げたという点が注目される。

Lustは権威主義体制における選挙の重要性を示すため，統治者と議会の関係，民選議員と有権者の関係という2つのレベルを中心に議論を展開しているが，一方で，競争的クライエンテリズムの成立する社会的な構造にも言及を行っている。ヨルダン権威主義体制におけるクライエンテリズムを論じる本稿では，選挙という場の重要性を認めつつ，社会的な構造と一まとまりのものとして競争的クライエンテリズムを捉え，議論を再構成する。本節ではこのような立場から，ヨルダンにおける競争的クライエンテリズムの成立基盤を明らかにする。

ヨルダンはハーシム家君主が広範な統治権限を持って君臨する，権威主義君主制国家である。君主は首相，上院議員の任免権や議会の解散権を有しているほか，立法権を有し，両院を通過した法律案も君主の承認を得られなければ成立しない。他方，内閣は1920年代前半，国民議会は1920年代終わりに設置されており，議会政治の歴史は長い。

ヨルダンの支配体制を特徴付けるのは，部族エリートを中心とした支配連合の構成と，反体制派に対する様々な形態での統制である。まず，支配連合について言えば，政党や階級，イデオロギーではなく，部族という社会的なアイデンティティによって支配連合が構成されているという点が特徴的である。多くの権威主義体制のように組織化された支配政党が存在するのではなく，統治者である君主を中心に，部族エリートが公式・非公式の経路を通じてネットワークを構成しているのである。ヨルダンの支配王家，ハーシム家は元来マッカ（メッカ）太守家であり，今日のヨルダンの領域を治めるようになったのは1920年代になってからのことであった。さらに，当時のヨルダン社会には独立した政治権力は存在しておらず，部族が割拠する状態にあった。このことから，ヨルダン建国当時，支配王家のハーシム家は一からヨルダン社会，およびそれを構成する諸部族を掌握す

る必要に迫られていた。そのような状況の中，ハーシム家君主は国家の財を部族の指導者に対して分配することにより，部族指導者およびそれに従う人々から忠誠を獲得することを試みた。これは資金援助や勲章の授与から，軍部での雇用，公共事業の提供など幅広くに及んだ[4]。このようにして，ハーシム家は支配政党ではなく，部族からなる支配連合を作り上げ，その上に君臨する体制を築いたのである。

　部族の占める重要性は，支配連合にとどまらず，国家社会関係にも広く及ぶ。その中で鍵となるのは，「ワスタ（wasṭa）」という概念である。ワスタとは調停（者）や仲介（者）を意味する（口語）アラビア語で，ヨルダンの部族社会においては，個人間・集団間の対立に際して報復を防止するための仲介という文脈で用いられてきた（Al-Ramahi 2008：37）。部族が社会的に実体を保持する中，ワスタという概念も同様に今日まで受け継がれている。しかし，ワスタの意味合いは変質を遂げ，今日最も人口に膾炙した用法は，政府に対して利益を求める際の仲介，斡旋という意味である（Cunningham and Sarayrah 1993：1）。すなわち，今日のワスタはヨルダン国家と社会の仲介および仲介者を指す概念となっている。さらに，結論を先取りして言えば，その仲介および仲介者として，部族エリート，特に下院議員が主要なアクターとなっているというのがヨルダンの競争的クライエンテリズムを基礎付けている。

　このようなワスタの用法の存在とその広がりは，ヨルダンの社会生活において，公共部門が果たしうる資源分配機能が限定的であり，ワスタが不可欠であることを示している。人々が公共サービスにアクセスする際にはワスタの有無がその成否を大きく分け，そのワスタとして機能するのが部族的紐帯やそのもとでの親族関係である。例えば，カニンガムとサライラの研究では，パスポートの取得にあたって，旅券局で勤務する親類の存在により，驚くべき円滑さで申請手続きが進み，パスポートの取得が完了した事例が紹介されている（Cunningham and Sarayrah 1993：19-21）。このような状況は公共サービスへのアクセスのあらゆる局面に存在しており，

大学への入学，政府からの許認可の獲得，公営住宅への入居申請，さらに
は公共部門での雇用の斡旋においても見られるとされる（Lust 2009：
124-125）。

　クライエンテリズムの観点からワスタを見れば，ヨルダンでは，透明性
や法の支配が弱いということ，そのもとで，部族的紐帯や親族関係に基づ
いたクライエンテリズムが社会的に広く営まれているということができる。
以上のように，ヨルダンは権威主義体制の建設過程で部族的紐帯や親族関
係に基づいたクライエンテリズムを作り上げてきたのである。

　次に，このような社会レベルでのクライエンテリズム構造のもとでどの
ように競争的クライエンテリズムが成立するかを論じる。もちろん，勅選
の上院，軍といった部門もワスタとして機能し，クライエンテリズムを提
供しうる。しかし，選挙という「競争的な」メカニズムを通じてクライエ
ンテリズムが営まれる点が競争的クライエンテリズム論の眼目であるほか，
後に論じるように，下院議員は官僚機構との一種の取引関係によって，
様々な国家資源の分配が可能な立場にある。このような理由から，本稿で
は競争的クライエンテリズムを中心に，ヨルダンのクライエンテリズムを
論じる。

　ヨルダンにおける競争的クライエンテリズムの成立には，議会と選挙を
めぐる制度が大きな影響を与えている。第一に，ヨルダン下院が政策決定
に対して果たしうる権限は限定的である。ヨルダンは二院制をとっている
が，下院が民選である一方，上院は勅選の議会である。立法における下院
の優越が認められているものの，上院は下院の意思決定に対する障壁とな
る。さらに，君主が最終的な立法の承認権を有していることにより，下院
が立法において果たすことができる役割は大きく制限されることとなる。
加えて，首相は君主によって任命されることが通例であり，下院を代表す
るものではない。したがって，形式上は議院内閣制をとっているものの，
議会選挙は政権選択選挙の意味合いを持たないということになる。以上の
ような下院の権限の限定性により，下院議員は有権者にとって立法での業

績を期待する対象ではなく，国政を担う代表としての役割を期待する対象
でもないという状況が生まれている。

　第二に，選挙政治において反体制派は周縁化されている。ヨルダンでは
言論や表現の自由，反体制的な政治活動に対する弾圧，政治的制度の操作
による政治的競争機会の制約を通して，反体制派の活動を統制してきた。
その選挙は決して反体制派にとって平等な設計とはなっておらず，親体制
派たる部族系エリートに有利になるよう，選挙区割り，議席配分，投票方
式が組まれている。ヨルダン権威主義体制は，公的な政治参加を形式上は
認めつつ，実質的には公式な制度における政治的代表が困難となるような
制度設計を行うことにより，物理的な暴力に訴えないやり方で反体制派を
抑圧しているのである。

　このような制度的配置が見られる一方，透明性や法の支配の弱さにより，
ヨルダン権威主義体制は親体制派の下院議員に対し，国家資源に対して特
権的なアクセスを与えている。例えば，ヨルダンの国会議員は個人裁量経
費を持ち，自らの支持者を雇用することができるほか，省庁とのコネク
ションを利用して，輸入税を回避したり，大型の公共事業の受注を行った
りすることができる（Lust 2009：125-126）。下院議員が立法において果
たしうる役割は限定的ではあるものの，政治的に論争的ではない，日常的
な立法や予算編成の細目に関しては，下院議員は影響力を行使し得る。す
ると，省庁にとっては，自らの望む政策を実現する上で，下院議員と良好
な関係を結ぶインセンティブが生まれる。結果として，立法や予算編成に
関する省庁の要望を受け入れる代わりに，下院議員は省庁に対して口利き
を要求するという取引関係が生まれている。このような省庁へのアクセス
は，まさに下院議員が有権者にとってのワスタとして機能することを可能
とする要因であり，分配可能な経費・ポストの存在と合わせ，競争的クラ
イエンテリズムの基盤となっている。

　以上のような制度的配置により，有権者は下院選挙の立候補者に際して，
立法での業績や国政を担う代表としての役割を期待することはできず，政

府批判の声を届けることも難しい一方，自らのワスタとしての機能，すなわちクライエンテリズムに基づく分配を期待することができるという状況に置かれることとなる。

　その上で，1993年以降の下院選挙の制度設計と選挙結果を見てみると，ヨルダンの有権者がクライエンテリズムに基づく分配を最も重視した投票行動をとる様子が見られる。完全連記制をとった1989年の下院選挙でイスラーム主義勢力，世俗左派およびアラブ・ナショナリズム勢力といった反体制派が全80議席中合計46議席と，議席の過半数を占める事態を生んだことを教訓に（Lucas 2005：31），ヨルダンは1993年に単記非移譲式投票制（SNTV）を導入した。先述のように，部族が社会的な実体を持ち，ワスタが重視されるヨルダンの政治社会においては，部族や民族といったアイデンティティが強い投票誘因を持つ。連記式であればアイデンティティと政治イデオロギーの双方を投票に反映させることができるものの，単記式においてはそのどちらかを選ばねばならない。さらに，以下は1989年選挙とも共通する特徴であるが，議席は親体制派たる部族系住民の多い地方部に過大に配分されており，反体制派が支持を集めやすい都市部は議席が相対的に少なくなっていた。例えば，部族系人口の多いとされる南部マアーンでは人口約8万人に対し5議席が与えられていたのに対し，首都アンマンの選挙区では人口約39万人に対して3議席が設けられているに過ぎなかった（Amawi 1994：16-17）。ほかにも，ベドウィン選挙区の存在は親体制派部族系議員の比率を高める方向に作用したほか，少数派クオータ（キリスト教徒，チェルケス・チェチェン人）の存在は，こうした少数派の取り込みに利用されていた。

　このような制度設計は個人投票誘因を高めるとともに，票割りの問題もあいまって反体制派政党候補に困難を与えた一方，部族的基盤を有する親体制派の無所属候補に有利に働いた（Kao 2015：Chap. 2）。結果として，反体制派が議席に占める割合は低下し，親体制派の無所属候補が議会で多数を占めるようになっていった。反体制派の議席数は1993年選挙で計29議

席となり，1997年選挙では最大の反体制派勢力であるイスラーム行動戦線党（IAF）のボイコットもあり合計12議席まで減少した（Ryan 2002：37）。IAFは2003年，2007年の選挙には参加するも，総議席数が110に増加する中で獲得議席は各16，6議席にとどまり，反体制派勢力が下院選挙で占める存在感の低下は明白であった。これはさらに反体制派の存在を周縁化させており，共和党国際研究所が2017年5月に行った調査では，IAFは回答者の37％から認知されていたものの，それ以外の政党の認知度は10％に満たなかった（International Republican Institute 2017）。

　このような投票行動は世論調査からも裏付けられている。ヨルダン大学戦略研究センターの2003年選挙前の調査によれば，投票先として部族系候補／無所属候補を挙げた人々の割合は57.9％，2007年の調査によれば，部族系候補／（親体制派）無所属候補を挙げた人々の割合は選挙前で57.2％，選挙後で66.3％にのぼった。それ以外で最も多くの支持を集めたのはIAFであったが，2003年選挙前で15.5％，2007年選挙前で8.5％，選挙後で4.5％にとどまり，その差は歴然たるものであった（CSS 2003：2007）。

　したがって，ヨルダンの議会選挙は，立法活動を含む政策プログラムや，政権選択，政治制度そのものの是非を問うような選挙ではなく，クライエンテリズムの場となっているといえる。さらに，親体制派中心の民選議会が形成されたことは，権威主義体制にとっても望ましい結果である。このような選挙結果はまさに，競争的クライエンテリズムが成立した状況を示している。

　以上より，ヨルダンにおける競争的クライエンテリズムは，ハーシム王家が権威主義体制を建設する過程で生まれた制度的配置と社会レベルでのクライエンテリズム構造，そしてその上で設けられた政治制度の上に成立しているということが明らかとなった。この理解のもと，次節では2011年以降のヨルダンでの選挙制度改革の過程を分析することにより，アラブ政変という危機を受ける中で競争的クライエンテリズムが示した頑強性を明らかにする。これにより，権威主義体制の安定性を前提とした競争的クラ

イエンテリズム論に動態的な分析を加え，その議論を深化させることを図る。

4　2010年代の選挙制度改革に対するクライエンテリズムの頑強性

（1）「ヨルダンの春」と2012年選挙法改正

　2011年1月に大衆抗議運動の広がりからチュニジアとエジプトで長期独裁政権が崩壊すると，大衆抗議運動の波は中東各国に波及した。これはヨルダンも例外ではなく，拡大した社会経済格差の拡大や腐敗の温床であるとしてヨルダン政府を批判し，改革を求める抗議運動が広がった（Ryan 2018：35）。首都アンマンだけでなく，マアーンやカラク，サルト，イルビドといった国内の主要各都市で断続的に抗議運動が続き，ヨルダンは1989年以来最大の政治的危機を迎えることとなった。アブドゥッラー二世国王は2月初旬，政府の長たるリファーイー首相を更迭，バヒート元首相を新たな首相に任命し，政治経済改革の実施を命じ，事態の鎮静化を図った。しかし，抗議運動はその後も広がりを見せ，同年3月24日には首都アンマンの市街地で政府支持派・反政府改革派が衝突し，死傷者を出す事態にまで発展した。最終的に，この事件を契機に治安当局による弾圧が強化され，街頭運動は鎮静化していった（吉川 2020：55-56）。

　街頭運動が鎮静化すると，公式の制度内での政治改革が主要な政治的課題となった。バヒート内閣での政治改革は，IAFなどのイスラーム主義勢力[5]，左派政党，職能組合，市民社会，ビジネス界の代表を集めた国民対話委員会，首相経験者を集めた憲法改正のための王立委員会によって進められた。国民対話委員会は6月に下院選挙法の改正草案を取りまとめたほか，憲法改正のための王立委員会は8月に憲法改正草案を取りまとめた。

　憲法改正草案は修正なしで議会，国王の承認を得て，10月に発布された。この改正では，憲法裁判所の設置，独立選挙管理委員会の設置，議会解散時の暫定立法への制限などが行われたが，国王が実質的な統治権限を握る

権威主義体制に変化をもたらすものではなかった。抗議運動に際し最大の反体制派勢力であるムスリム同胞団およびその政治部門のIAFは議会の最大会派による内閣組閣を要求していたが（吉川 2020：55），実現しなかった。IAFは憲法改正について，大衆の要求を十分に反映しておらず，世襲の議会君主制，国民主権といった憲法の文言を反映していないとこれを批判する声明を発表している[6]。

　選挙法改正に関しては，バヒート内閣を継いだアウン・ハサーウナ内閣によって2012年4月に法案が提出された。そこでは制限連記制と全国区の比例代表制を組み合わせる混合方式の導入（比例代表議席は15議席），議席数の120議席から138議席への増加，女性クオータの12議席から15議席への増加といった内容が含まれた。これは反体制派が1993年より求めてきたSNTVの廃止を求める要求に応えるものとなったが，社会からは選挙法改正は名目的なものに過ぎないとして反発を招き，比例代表制への一本化や，比例代表議席の割合の半数への拡大といった要求が行われた（Identity Center 2012：7；Ryan 2018：124）。改正選挙法は最終的に2012年7月，選挙制度はSNTVと全国区の比例代表制の混合方式，総議席数は150議席，うち女性クオータが15議席，比例代表議席が27議席という内容で成立した。

　この2012年改正選挙法は反体制派から強い批判を浴びることとなった。選挙法が成立した週末にムスリム同胞団は首都アンマンほか国内各地でデモを組織し，デモ隊からはSNTVではなく比例代表制を導入するよう求める要求や憲法改正の要求が発されたほか，同胞団幹部からは次の選挙のボイコットが表明された[7]。

　一方，改正選挙法のもとで行われる選挙に先立って，アブドゥッラー二世国王は民主化のビジョンを示す「国王発議書（awrāq lil-niqāsh）」を相次いで発表した。その第1文書では民主的な市民に関するビジョン，第2文章では議院内閣制への移行に関するビジョンが示された[8]。これらの文書において，選挙に関しては，候補者との個人的な関係や親族の紐帯に基づくのではなく，政策本位で投票するように国民に求めたほか，適切に機能

する政党の育成や選挙後に新しい首相を下院多数派の協議に基づいて選出するという考えが述べられた。従来は選挙結果とは関係ない形で国王が首相を任命していた状況からの変更となり，国王は議会・政府間関係の強化への期待をにじませていた。

2013年1月に実施された下院総選挙では，左派政党，若者運動もボイコットに同調したものの，投票率は56.6％と，直近の2007年の54％，2010年の53％を上回る数値となった。一方，当選者のおよそ75％を無所属の親体制派が占める結果となり，従来とあまり代わり映えのしない選挙結果となった（Bank and Sunik 2014：378）。

選挙後，下院での協議の結果，選挙前に首相に任命されていたヌスール氏が首相に再任命される形となった。ヌスール氏は改革に対して一定の理解があると評される人物ではあるものの（Ryan 2018：135），無所属かつ部族的基盤の厚い政治家であり，従来の首相と比べて属性に変わりはほとんどない。議会の多くが無所属の親体制派議員に占められる状況では議員の属性にも変化はほとんどなく，国王発議書で示された期待とは裏腹に，下院が担う役割には変化は見られなかった。

さらに，選挙直後の2013年2～3月に行われた現地研究機関による調査では，投票の際に最も重視する項目として，部族という回答が41％，サービスが34％であったと報告されている（Identity Center and Future Pioneers 2013：11-13）。この調査結果は選挙において部族アイデンティティが重視されるという点を裏付けるだけでなく，有権者が議員に公共サービスの提供を期待していることを示す。下院の機能と構成，有権者の投票行動が変わらない以上，議員と有権者の間の競争的クライエンテリズムも維持されていると考えられる。2011年の大規模な抗議運動に対し，ヨルダン権威主義体制は政治改革を打ち出し，社会からの要求に一定程度応答しつつも，ハーシム王家による支配体制，親体制派中心の議会を保持し，その上でクライエンテリズムも保持することに成功したのである。

（2）　2016年選挙法改正

　2015年夏にヨルダン政府は改正選挙法草案を提出，再度選挙法改正が議論されることになった。内閣提出の草案は総議席数を150から130へと削減することを定めたほか，再度の選挙方式の変更を含んでいた。SNTVと拘束名簿式比例代表制の混合制度を廃し，非拘束名簿式比例代表制に一元化し，有権者は選挙区内で1つのリストを選択するとともに，そのリストの中で選挙区定数分の候補者を選ぶことができるようにするというものであった。これは連記投票を可能とすることから，SNTVを廃止し，完全連記制をとった1989年の選挙法へと回帰せよという反体制派の要求に応えるものであるとされ，IAFはこれを歓迎する意向を示した（Omari 2015）。世論調査においても82％が新法案に賛成の意を表明しており，社会で広く支持されていた。[9]この改正選挙法は2016年2月に議会を通過し，同年9月に下院総選挙が実施されることとなった。このことは，反体制派が反SNTVというフレーミングによって，親体制派に有利な選挙制度からの脱却を図っていたことを示している。

　しかし，この選挙法改正はヨルダン下院を舞台とした競争的クライエンテリズムに変化をもたらすものではなかった。次項で取り上げるように，この選挙法改正によって形は変われども個人投票誘因の高い選挙制度は維持され，既存の権威主義体制による議会支配の構造には変化が見られなかったためである。選挙法の支持を経て，2016年の下院総選挙はIAFなど主要の反体制派勢力が参加して行われた。2013年と同様，比例代表名簿には既存の政党から構成されたリストと無所属候補の寄せ集めによるリストの双方が見られ，最大の議席を獲得したのはIAFが作った選挙連合，「改革のための国民同盟」であった（15議席）。そのうちIAFの議席数は10議席で，これは総議席の7.6％に過ぎなかった。[10]一方，大半の議席は（親体制派の）無所属議員が占め，総議席の70％以上を占めたとされている（Singh 2017：313）。その中で，リストの39％が無所属議員の寄せ集め，43％が部族による連携であるという推定が見られるほか（Singh 2017：

312)，現地の識者からも「部族あるいは政治資金に基盤を置いたリストである」という評価が見られる（Ḥawrānī 2016：10）。選挙法が改正されたものの，部族にバックグラウンドを有する親体制派議員が中心となる議会構成は維持されたのである。このような投票行動は競争的クライエンテリズムの持続を示している。実際，選挙直前の2016年8月に現地シンクタンクが実施した世論調査では，投票を行う理由として，親族や部族メンバーを選出するため，という理由を挙げた回答者が全体の32.6％と，最も多くの回答を集めていた（Phenix Center for Economic and Informatics Studies and Polls Unit 2016：6）。したがって，選挙制度変更が行われた2016年選挙法改正以降も，ヨルダンでは，ハーシム王家による支配体制，親体制派中心の議会のもと，競争的クライエンテリズムが保持されているのである。

（3）　考察

　以上のように，ヨルダンは2011年に高まった大衆抗議運動の鎮静化の必要から政治改革を掲げ，選挙方法の変更を含む選挙法の改正を2度にわたって実施した。大衆抗議運動が体制転換ではなく体制内改革を求めた運動であったとはいえ，拡大した社会経済格差を是正し，腐敗を撲滅し，不正義，不公正を是正しようという目的を持っていたにもかかわらず，そして2011年以来の政治改革にもかかわらず，なぜヨルダンでは今日も競争的クライエンテリズムは保持されているのだろうか。本稿の知見から以下の3つの理由が導かれる。

　第一に，下院の役割に関する制度的制約が強く保持されているという点が挙げられる。前節で論じたように，この点は競争的クライエンテリズムを成立させる条件の一つであった。2011年の憲法改正は議会解散時の暫定立法への制限など，政府に対する議会の役割の強化が一部で図られたが，勅選の上院の存在，国王の法案拒否権などは保持され，実質的な下院権限の強化には結びつかなかった。国王の提案により，2013年選挙時には下院

の多数派による首相選出協議が行われたものの，前任者の再任という結果となり，下院が担う役割には変化は見られなかった。なお，この首相選出協議の実践は2013年以降見られていない。したがって，一般の議院内閣制の場合とは異なり，ヨルダンの下院選挙に政権選択の意味合いは薄いままである。下院議員は有権者にとって立法での業績を期待する対象ではなく，国政を担う代表としての役割を期待する対象でもないという状況は続いているのである。

　第二に，選挙制度の個人投票誘因が継続して高いという点が挙げられる。ここでは建林・曽我・待鳥（2008）による個人投票誘因・政党投票誘因の比較指標を用い，1989年以降のヨルダンの選挙制度における個人投票誘因の強さを比較してみよう。この指標は個人投票誘因の高いものほど高得点となるように設計され，投票方式が 0 ～ 2 点，定数が 0 ～ 2 点，政権選択が 0 ～ 1 点を与えられ，満点は 5 点となる。

　結果は表 1 のようになる。1993年のSNTVの導入は個人投票誘因を高め，満点の 5 点となった。2003～2013年の期間に混合制を取り入れることにより，若干数値が低下したものの， 4 点以上の高い値を示している。このことはヨルダンの選挙制度が継続的に個人投票誘因の強い状態にあり，政治的イデオロギーを掲げる反体制派には不利な状態が続いている。反体制派の競争の困難も競争的クライエンテリズムを支える要素だというのは先に示した通りである。したがって，個人投票誘因の高い選挙制度も競争的クライエンテリズムの持続に寄与していると考えられる[11]。なお，個人投票誘因の強さだけでなく，地方部の過大代表，ベドウィン選挙区や少数派クオータの存在も競争的クライエンテリズムの持続性に寄与するヨルダンの選挙制度の構成要素となっている[12]。

　第三に，ヨルダンの選挙法改正に関する言説のフレーミングにおける限界である。1993年のSNTVの導入により反体制派が議席を減少させて以来，反体制派はSNTVの廃止と1989年の完全連記制の復活を継続して求めてきた。単記制ではなく連記制へと変更することにより，有権者の投票の機会

表1　ヨルダンの選挙制度の変遷と個人投票誘因の強さ

選挙実施年	選挙制度	投票方式	定数	政権選択	計
1989	完全連記制	1	2	1	4
1993, 1997	SNTV	2	2	1	5
2003, 2007, 2010	SNTV（60%）＋ 小選挙区制（40%）	1.6	1.6	1	4.2
2013	SNTV（82%）＋ 拘束名簿式比例代表制(18%)	1.64	1.64	1	4.28
2016	非拘束名簿式比例代表制	2	2	1	5

注：混合方式の場合，選挙制度に括弧を付しているが，その数値は当該制度が適用される議席の割合を示し
　　ている。得点計算にあたってはこの割合を各指標の得点と掛け合わせて計算した。また，建林・曽我・
　　待鳥（2008）では完全連記制は検討の対象外となっていたが，完全連記制では個人・政党いずれの基準
　　に基づいた投票が可能である点を踏まえ，小選挙区制と同様，投票方式の得点として1点を与えている。
出典：建林・曽我・待鳥（2008）の指標を利用して筆者作成。

を確保せよというフレーミングによって，選挙法改正に向けた社会からの
支持を調達しようとしたのである。しかし，個人投票誘因という観点から
見れば，表1に示された通り，選挙が政権選択と結びつかないという制度
配置の影響もあり，1989年の完全連記制も個人投票誘因の高い制度である。
2016年の選挙法改正においても同様であり，非拘束名簿式の比例代表制と
いう新しい選挙制度は，リストとリスト内候補者という連記投票を可能と
するものであったが，個人投票誘因の高い制度である。これらの制度は
SNTVと比べれば政党本位での投票行動を促す面は存在するものの，部族
的基盤をもつ無所属の親体制派候補が有利な制度配置であることに変わり
はない。しかし，2016年の選挙法改正において，反体制派は新制度のこの
ような課題を焦点化することはできなかった。先に示したように，この改
正を反体制派は受け入れ，最大の反体制派であるIAFは選挙に復帰するこ
ととなったほか，ヨルダン社会も広く歓迎の意を示した。このことは，
SNTVの廃止，連記投票の復活という反体制派のフレーミングの限界を示
しているといえるだろう。この点にも，個人投票誘因の高い選挙制度を持
続させ，競争的クライエンテリズムの持続をもたらす要因が潜んでいるの
である。

5　中東におけるクライエンテリズムの重層性

　本稿では，権威主義体制の建設過程での制度的配置を出発点として，ク
ライエンテリズムがヨルダンに成立する基盤を明らかにした上で，現代の
政治的展開の中で，クライエンテリズムが保持される経緯を明らかにして
きた。特に，1989年の民選議会再開以降，選挙を通したクライエンテリズ
ム，すなわち競争的クライエンテリズムが広がったが，本稿では競争的ク
ライエンテリズムが2010年代の選挙制度改革に対しても頑強性を有してい
ることを示した。競争的クライエンテリズムの従来の議論は1990〜2000年
代前半の政治的状況に基づくものであったが，本稿はその射程を2010年代
にも広げることとなった。

　このような射程の拡張にあたり，本稿は選挙という場の重要性を認めつ
つ，社会的な構造と一まとまりのものとして競争的クライエンテリズムを
捉え，議論を再構成した。そこで明らかとなったのは，ヨルダンにおける
競争的クライエンテリズムの重層的な構造である。2010年代の政治改革の
議論においては選挙制度改革が中心的な議題となり，制度変更が繰り返さ
れたが，競争的クライエンテリズムを基礎付ける個人投票誘因の高さは保
持された。個人投票誘因の高い選挙制度は選挙制度に深く埋め込まれてお
り，選挙制度改革を求める言説のフレームには包摂しきることができな
かった。

　さらに，ヨルダンにおける競争的クライエンテリズムを支える基盤は選
挙制度だけでない。議会・政府間関係およびその上位に位置する国王との
関係を定める憲法が下院の政策決定上の役割に強い制約を設けているほか，
反体制派に対する様々な統制手段の存在，部族エリート中心の支配連合の
構成，ワスタなくして社会生活を送ることが困難な国家行政の状況など，[13)]
様々な要因が存在している。これらは権威主義体制に基礎付けられている
だけでなく，歴史的な国家建設，体制建設過程に紐付いた制約である。本

稿はヨルダンにおいて選挙を介して成立するクライエンテリズムを論じたものに過ぎないが，中東におけるクライエンテリズムの重層性の一端を示している。

アラブ政変以降，中東地域各国では社会経済的な不満に基づく抗議運動が断続的に生じており，2019年には「アラブの春2.0」なる語も生まれている[14]。抗議運動とそれに対応した改革の試みは今後も繰り返されていくことが想定される。さらに，ヨルダンでは近年，汚職対策への関心が高まり，2016年には誠実・反腐敗委員会が設置された。そこでは，ワスタも腐敗の一種として位置付けられており，ヨルダン政府としてクライエンテリズムにメスを入れようとする試みのように見える[15]。しかし，本稿が示したように，中東の権威主義体制におけるクライエンテリズムは重層的で頑強である。ヨルダンの2010年代の選挙制度改革の事例に示されるように，部分的な改革によってクライエンテリズムから脱却することは容易であるようには思われない。むしろ，権威主義体制によるその場しのぎの改革にとどまる可能性が高いと考えられる。裏を返せば，中東のクライエンテリズムを廃するのであれば，現行の権威主義体制そのものの見直しが迫られることになり，クライエンテリズムに対する不満が高まれば，権威主義体制が動揺することとなるかもしれない。このような理解のもとで，各地で断続的に続く抗議運動がこのような現状に対してどのような影響を与えることとなるのか，継続的に検討が行われる必要があるだろう。

注

1) 本稿では，クライエンテリズムを「政治的な支持の見返りに物質的な利益を提供すること」（Stokes 2011：649）の意味で用いる。クライエンテリズムの定義をめぐる問題についてはHicken（2011）を参照。

2) 本稿では支配連合を「政府を支え，独裁者とともに，体制存続に必要かつ十分なだけの十分な力を握る個人」（Svolik 2012：5-6）を指すものとして用いている。

3) 今日のヨルダンの支配連合の構成の詳細については渡邊（2022：第4章）を参照。

4) 初期のヨルダンにおける国家，体制建設についてはAlon（2007）を参照。

5）　ただし，IAFは委員構成への不満から委員会から脱退した（Identity Center and Future Pioneers 2013：11）。

6）　" 'al-'Amal al-Islāmī' Yuqaddim Ru'yati-hi Ḥawla al-Ta'dīlāt al-Dustūrīya," *'Ammūn.* August 15, 2011.（https://www.ammonnews.net/article/94970）

7）　"Mutaẓāhirūn Yanzilūn ilā Shawāri' 'Ammān Iḥtijājan 'alā Qānūn al-Intikhābāt," *France 24.* July 13, 2012.（https://www.france24.com/ar/20120713-ت الأردن-إسلاميون-احتجاجات-قانون-انتخابا）

8）　2017年までの期間に 7 つの文書が発表されている。これらの文書は全てアブドゥッラー二世国王の公式ホームページからアクセスすることができる（https://kingabdullah.jo/ar/vision/discussion-papers）。

9）　ヨルダン大学戦略研究センターによる2015年 9 月の調査。詳細はCSS（2015）を参照。

10）　その背景には2015年に発生したムスリム同胞団の内部分裂も影響している。離脱した人々が結成した政党「ザムザム」は2016年選挙で 5 議席を獲得した。ムスリム同胞団の内部分裂の詳細については吉川（2020：97-98）を参照。

11）　もちろん，著者らが認めるようにこの指標は十分に厳密ではないが（建林・曽我・待鳥 2008：94），先に取り上げたように，本稿の事例では個人本位で投票を行う傾向が実際に見られており，ヨルダンの選挙制度の個人投票誘因の高さとその持続性を見る上では有用な指標となっているといえる。

12）　2016年選挙にて区割りの変更が行われ，全国45選挙区から23選挙区へと見直しが行われたものの，地方部の過大代表，ベドウィン選挙区や少数派クオータの存在は変わっていない。

13）　国際NGOのTransparency Internationalの2019年報告書では，今日でもヨルダンやレバノン，パレスチナではおよそ 3 人に 1 人がワスタを利用しているという結果が報告されている（Kukutschka and Vrushi 2019：19）。

14）　例として下記を参照。Belhaj, Ferid and Rabah Arezki（2019）"Arab Spring 2.0：The People Are Showing the Rulers How to Govern," *Middle East Eye*, December 6, 2019.（https://www.middleeasteye.net/opinion/arab-spring-20-fresh-calls-accountability-across-region）

15）　例えば，同委員会は2022年 3 月28日に「ワスタと恩顧主義（maḥsūbīya；favoritism）はもうたくさん！」と題したメディア啓発キャンペーンを立ち上げている（http://www.jiacc.gov.jo/Ar/NewsDetails/تطلقُ_حملة_نبذ_الواسطة_والمحسوبية_النزاهة_ومكافحة_الفساد___）。

参考文献

吉川卓郎（2020）『ヨルダンの政治・軍事・社会運動——倒れない王国の模索』晃洋書房。

髙岡豊・溝渕正季編（2019）『「アラブの春」以降のイスラーム主義運動』ミネルヴァ書房。

建林正彦・曽我謙悟・待鳥聡史（2008）『比較政治制度論』有斐閣。

渡邊駿（2022）『現代アラブ君主制の支配ネットワークと資源分配——非産油国ヨルダンの模索』ナカニシヤ出版。

Al-Ramahi, Aseel（2008）"Wasta in Jordan : A Distinct Feature of（And Benefit For）Middle Eastern Society," *Arab Law Quarterly* 22（1）: 35-62.

Alon, Yoav（2007）*The Making of Jordan : Tribes, Colonialism and the Modern State.* London and New York : I.B. Tauris.

Amawi, Abla M.（1994）"The 1993 Elections in Jordan," *Arab Studies Quarterly* 16（3）: 15-27.

Bank, André, and Anna Sunik（2014）"Parliamentary Elections in Jordan, January 2013," *Electoral Studies* 34 : 376-379.

Cammett, Melani, Ishac Diwan, Alan Richards, and John Waterbury（2015）*A Political Economy of the Middle East.* 4[th]edition, Boulder, CO : Westview Press.

Corstange, Daniel（2017）*The Price of a Vote in the Middle East : Clientelism and Communal Politics in Lebanon and Yemen.* New York : Cambridge University Press.

CSS（Center for Strategic Studies）（2003）"Istiṭlāʿ al-Raʾy ḥawla al-Dīmuqrāṭiya fī al-Urdunn 2003 : al-Natāʾij al-Awwalīya," Amman : Center for Strategic Studies.

————.（2007）"al-Dīmuqrāṭiya fī al-Urdunn—2007," Amman : Center for Strategic Studies.

————.（2015）"Istiḷāʿ lil-Raʾy al-ʿĀmm ḥawla Mashrūʿ Qānūn al-Intikhāb al-Jadīd Aylūl/Sibtambir 2015 : al-Natāʾij al-Awwalīya," Amman : Center for Strategic Studies.

Cunningham, Robert B., and Yasin K. Sarayrah（1993）*Wasta : The Hidden Force in Middle Eastern Society.* Westport : Praeger.

El Tarouty, Safinaz（2015）*Businessmen, Clientelism, and Authoritarianism in Egypt.* New York : Palgrave Macmillan.

Ḥawrānī, Hānī（2016）"Azma Tamthīl : Tashaẓẓuy al-Aḥzāb wa Tadahwur al-

Mushāraka al-Siyāsīya bi al-Urdunn," Reports, September 20, Al Jazeera Centre for Studies, (https://studies.aljazeera.net/sites/default/files/articles/reports-ar/documents/cac405d472ba449aa665cea3457cfc94_100.pdf)

Heydemann, Steven (ed.) (2004) *Networks of Privilege in the Middle East : The Politics of Economic Reform Revisited*. New York and Basingstoke : Palgrave Macmillan.

Hicken, Allen (2011) "Clientelism," *Annual Review of Political Science* 14 (1) : 289-310.

Identity Center (2012) "Policy Paper : Fostering a Parliamentary Democracy in Jordan through Electoral Reform," (http://www.identity-center.org/sites/default/files/PolicyPaperDemocratization.pdf)

Identity Center and Future Pioneers (2013) "The Expectations of the Jordanian Citizens as to the House of Representatives No.17," (http://www.identity-center.org/sites/default/files/E1.pdf)

International Republican Institute (2017) "Survey of Jordanian Public Opinion (National Poll #15)," (https://www.iri.org/sites/default/files/2017-7-12_jordan_poll_slides.pdf)

Kao, Kristen (2015) "Ethnicity, Electoral Institutions, and Clientelism : Authoritarianism in Jordan," PhD Thesis, Los Angeles : University of California, Los Angeles.

Kukutschka, Roberto Martinez B., and Jon Vrushi (2019) *Global Corruption Barometer Middle East & North Africa 2019 : Citizens' Views and Experiences of Corruption*. Transparency International. (https://images.transparencycdn.org/images/2019_GCB_MENA_Report_EN.pdf)

Lucas, Russell E. (2005) *Institutions and the Politics of Survival in Jordan : Domestic Response to External Challenges, 1988-2001*. New York : State University of New York Press.

Lust, Ellen (2009) "Democratization by Elections? Competitive Clientelism in the Middle East," *Journal of Democracy* 20(3) : 122-135.

Lust-Okar, Ellen (2006) "Elections under Authoritarianism : Preliminary Lessons from Jordan," *Democratization* 13(3) : 456-471.

Omari, Raed (2015) "New Elections Bill Sheds One-Vote System." *Jordan Times*, August 31, 2015. (https://www.jordantimes.com/news/local/new-elections-billsheds-one-vote-system）

Phenix Center for Economic and Informatics Studies and Polls Unit（2016）"The Attitudes of Jordanian Citizens Towards Participation in the Upcoming 2016 Parliamentary Elections,"（https://en.phenixcenter.net/poll-results-the-attitudes-of-jordanian-citizens-towards-participation-in-the-upcoming-2016-parliamentary-elections-2016/）

Ruiz de Elvira, Laura, Christoph H. Schwarz, and Irene Weipert-Fenner（eds.）（2019a）*Clientelism and Patronage in the Middle East and North Africa : Networks of Dependency*. Abingdon and New York : Routledge.

――――. （2019b）"Introduction : Networks of Dependency, A Research Perspective," in Laura Ruiz de Elvira, Christoph H. Schwarz, and Irene Weipert-Fenner（eds.）, *Clientelism and Patronage in the Middle East and North Africa : Networks of Dependency* : 1-16. Abingdon and New York : Routledge.

Ryan, Curtis R.（2002）*Jordan in Transition : From Hussein to Abdullah*. Boulder, Colorado and London : Lynne Rienner.

――――. （2018）*Jordan and the Arab Uprisings : Regime Survival and Politics Beyond the State*. New York : Columbia University Press.

Singh, Manjari（2017）"Parliamentary Election in Jordan, 2016," *Contemporary Review of the Middle East* 4（3）: 297-318.

Stokes, Susan C.（2011）"Political Clientelism," in Robert E. Goodin（ed.）, *The Oxford Handbook of Political Science* : 648-672. New York : Oxford University Press.

Svolik, Milan W.（2012）*The Politics of Authoritarian Rule*. New York : Cambridge University Press.

（わたなべ・しゅん：日本エネルギー経済研究所）

ロシアの選挙権威主義体制における地方統制
——公選制のもとでの知事のローテーション——

溝口修平 ［法政大学］

1　ロシアにおける中央・地方関係の変容

　比較政治学において，権威主義体制のダイナミクスは，リーダー，エリート，大衆の3者間の関係性の変化として理論化されてきた。すなわち，リーダーはエリートの裏切りと大衆の蜂起という2つの脅威に直面しており，リーダーにとって自身の権力と体制を維持するためにはこの2つを未然に防ぐことが不可欠である（Svolik 2012）。その中でも，リーダーの権力維持戦略としては，エリートの脅威への対処が優先される。なぜなら，権威主義体制は大衆蜂起よりもエリートの裏切りによって崩壊するケースが多いからである。そこで，リーダーは褒賞と懲罰によってエリートの離反を予防しようとする。一方，エリートはリーダーへの忠誠から得られる利益，または裏切ることのコストやリスクを計算して，自身の行動を決定する（フランツ 2021：65-68）。

　こうした構図は，ロシアの権威主義体制にも適用可能である。他の多くの旧ソ連諸国と同様に，ロシアでは大統領を頂点とするパトロン・クライアント・ネットワークが広がり（Hale 2015），体制の安定性は大統領と地方知事というエリート間関係に依存している部分が大きい[1]。地方知事は大統領選挙や議会選挙において動員力を発揮して，政権を支える役割を果たし，その見返りとして，大統領は地方知事に対して様々な利益供与を行ってきた。このように，ロシアの大統領にとって，地方知事との関係の安定

は，既存の権力構造を維持する上で不可欠である。

　ウラジーミル・プーチン大統領の政権が長期化する中で，現在この関係はどのように維持されているだろうか。2000年代を通じてロシアの中央・地方関係が安定化したのは，プーチンによる中央集権化に加え，与党「統一ロシア」の強化，資源ブームによる連邦財政の改善などの要因が重なったためであった。しかし，2010年代に入りそのような条件には変化が生じた。連邦政府の財政難，「統一ロシア」の影響力低下，地方知事公選制の再導入など，この関係を不安定化しうる要素が重なったのである。

　特に，2012年の知事公選制の復活は中央の地方に対する優位を脅かす可能性を孕んでいた。2004年に導入された事実上の任命制[2]のもとでは，現職知事が再任用されるか否かは政治的忠誠，すなわち「統一ロシア」への票の動員力に左右された（Reuter and Robertson 2012）。クレムリンは政治的忠誠と引き換えに知事のポストを保証してきたのである。それに対し，公選制再導入は，クレムリンの地方知事に対する影響力を弱めるという意味で，そのような関係性を揺るがす可能性があった。

　しかし，実際には現在でもほとんどの知事選挙で体制側候補[3]が勝利する状況が続いている。また，知事の経歴を見ると，1990年代はその地方でキャリアを築いた知事が多かったのに対し，2000年代以降いわゆる「アウトサイダー知事」が増え続けている（Kynev 2020；鳥飼 2020）。つまり，知事に選出される人物は，その地方の利益を代表するよりも，中央政府の意向に従う傾向が強まっていると言える。このように，知事候補の選出において中央の意向が強く反映され，選挙で体制側候補が優位である状況はどのように説明できるだろうか。

　先行研究は主に，知事選挙において体制側が野党や反体制派の立候補をいかに妨害しているかという観点から説明を試みてきた。すなわち，候補者擁立への介入（Blakkisrud 2015；Smyth and Turovsky 2018），有権者への脅し，選挙不正（Frye, Reuter, and Szakonyi 2014, 2018, 2019），汚職の取り締まり（Sharafutdinova 2016）などを通じて，選挙における競

争条件が野党や反体制派にいかに不利であるかが示されてきた。これは確かに，選挙で与党が強い理由，そして，ロシアで選挙権威主義体制が維持されている理由を説明している。しかし，2010年代に入り地方に分配される資源が減少し，事実上の任命制も廃止されたにもかかわらず，なぜ相変わらず中央の優位な状況が維持されているのだろうか。

　本稿は，大統領が体制側候補の選出とそのタイミングをいかに統制しているかという観点からこの問題を検討する。その際に注目するのが，大統領の知事解任権である。大統領が知事の解任権を有することによって，体制維持に不適格な人物を排除できるだけでなく，知事解任後に知事代行を任命し，その人物に次の選挙まで実績を積ませることもできる。それが，知事公選制のもとでも大統領が知事の選出をコントロールできる理由である。「知事の解任」と「知事代行の任命」という２つの手段は，単に忠誠心の高い人物を知事に据えるだけでなく，知事選挙に勝利するためにも有効な手段となっている。この点は，一部の先行研究で指摘されてはいたが（Petrov & Nazrullaeva 2018），実際にどのような形で利用され，どの程度有効であるかは検証されてこなかった。本稿は，知事の「自発的な辞任」という形での知事の解任が，特に大統領選挙を前に積極的に利用されていること，そして，大統領に任命された知事代行の方が現職知事よりも知事選挙で安定的な結果を残していることを示すことによって，知事のローテーションが大統領の地方統制にとって有効な手段となっていることを示す。

　本稿の構成は以下のとおりである。第１節では先行研究の検討をしたのちに，大統領が持つ知事解任と知事代行任命の権限がどのような意味で地方の統制に効果を持つのかを検討する。第２節では，2012年の知事公選制再導入後における知事の解任，続く第３節では，知事選挙における知事代行任命の効果について検証する。

2　大統領による知事人事への介入

（1）　知事公選制の再導入

　権威主義体制の安定にとって，エリートをいかに統制するかは死活問題である。独裁者は取り込み（co-optation）や抑圧（repression）の手段を用いてエリートの忠誠を確保しようとするが，資源の分配による取り込みにはコミットメント問題がつきまとうことが指摘されてきた（Svolik 2012）。

　広大な国土を持つロシアにおいて，連邦政府は，地方エリート，その中でも強大な権力を持つ地方知事をいかに統制するかに腐心してきた。特に，1990年代の地方の自立化が国家の統治能力を低下させ，ロシアの社会的・経済的混乱を招いたという認識から，2000年代以降中央集権化が進められてきた。この中央集権化は必ずしも地方の利益を損なうばかりではなかったものの，特に2004年の地方知事公選制の廃止は，中央政府の優位を促進する転機となった。

　しかし，2011年12月の下院選挙後に選挙不正とプーチンの大統領復帰に抗議するデモが拡大したことを受け，2012年より地方知事の公選制が復活することになった。ドミトリー・メドヴェージェフ大統領は退任直前に「国民に政治参加の可能性を与える必要がある」として知事公選制を復活させ，国民の不満を和らげようとした。つまり，市民に政治参加の機会を提供することによって，弱体化した体制の正統性を高めようとしたのである（Blakkisrud 2015）。他方で，事実上の任命制から公選制への変更は，知事の人選に対する中央の影響力が低下する可能性を孕むものでもあった。その意味で，公選制は体制にとって「諸刃の剣」であった。

　加えて，2008年のリーマン・ショック以降ロシアの財政状況が悪化し，分配可能な資源が限られるようになったことも，不確実性を増す要因となった。2009年から2017年まで連邦財政は赤字が続き，特に2014年のクリ

ミア併合以降の国防費の増大は財政を圧迫し，連邦予算から地方予算への財政移転も減少した（Turovsky and Gaivoronsky 2017）。このように，現在のロシアでは地方エリートを取り込むための資源が限られており，エリート間ではその少ないパイをめぐる競争が激化している（Sharafutdinova 2016）。

　しかし，これまでのところ，知事選挙は概ね体制側が勝利する結果となっている。2012年から2021年までに実施された152回の選挙のうち，現職知事および知事代行の候補が当選しなかったのはわずか5回だけである。先行研究は，知事選挙が再導入された後も，選挙制度の操作，野党候補の立候補の制限などの手段を通じて中央が権力を維持し，地方知事の立場が弱まってきたと説明してきた。

　その中でも特に注目されたのが，「大統領フィルター」と「地方自治体フィルター」と呼ばれる2つの制度であった（Blakkisrud 2015；Golosov and Tkacheva 2018）。前者は，政党が擁立した候補者と大統領との事前協議を実施するというものであり，後者は，知事選挙候補者は当該地方内の地方自治体の4分の3以上で，議員および地方自治体行政長官の5％から10％の署名を集める必要がある（その割合は各地方が決定）というものである。2012年10月に実施された知事選挙では，「大統領フィルター」にあたる協議は行われなかったが，「地方自治体フィルター」は与党候補に有利に作用した。たとえば，地方自治体議会を「統一ロシア」が支配する状況で，与党候補者が必要数の数倍に上る署名を集めたり，他の候補者への署名に応じないように圧力をかけたりすることで，野党候補の出馬を実質的に妨害した。また，必要数の署名を集めた野党候補に対しても，検察が署名の不備を指摘するという事例もあった。このように，ライバル候補を選挙前に排除することで，政治的競争の度合いは低下した（Szakonyi 2022；Turchenko 2020；Goode 2013）。

（ 2 ）　大統領による知事の更迭と知事代行の任命

　以上のような要因に加えて，本稿では，体制側の候補擁立の手法が中央の優位に貢献しており，特に大統領が知事の解任権を有していることが大きな意味を持つと考える。大統領にとって知事選挙において重要なことは，選挙で勝つ可能性が高く，かつ自身に忠実な候補を擁立することである。そのために，現職知事を留任させるか，それとも別の候補を新たに擁立するかは重要な選択となる。そのような選択を大統領が行うことによって，知事候補の選出過程をコントロールすることができる。

　それでは，どのような場合に現職知事に代わって新人候補が擁立されるだろうか。現職知事の有権者からの支持が厚い場合や，大きな政治資源を持つ場合は，当該人物が選挙に勝つ可能性が高く，そうした人材の取り込みは体制の強化につながる。その一方で，そのように堅固な政治基盤を持つ人物は，中央政府の意向に従わず裏切る可能性も高い（Reuter and Szakonyi 2019)。大統領にとっては，強すぎる知事も弱すぎる知事も望ましくないということになる。したがって，適当なタイミングで知事を交替させることによって，潜在的な脅威となる人物を排除することは大統領にとって利益となると考えられる。

　加えて，現職知事が辞任した際に，大統領は知事代行を任命することができる。ロシアでは地方知事の任期は 5 年であるが，多くの場合，現職知事は任期満了前に辞任し，大統領によって知事代行が任命される。統一地方選挙は毎年 9 月第 2 日曜日に実施されるので，知事代行はそれまでの期間行政府の長の役割を果たすことになる。現職知事が再選を目指す場合にも，本来の任期を短縮していったん知事を辞任し，知事代行として選挙に臨むこともある。このように，大統領が知事解任と知事代行の任命の権限を掌握することによって，スムーズな知事のローテーションを可能にしている。

　他にも，知事代行の任命を大統領が行うことにはいくつかの効果がある。まず，知事代行が統一地方選挙までの期間行政府の長の地位につくことで，

知事代行は知名度をあげることができる。選挙の競争にさらされる前に，大統領は自らが推薦する人物を有権者に知らしめることができるというわけだ。その一方で，政治経験が浅いことも選挙でプラスの効果を持ちうる。現職知事，特に長期政権化した知事は時に人気が低迷するのに対し，知事代行は政治的な失策のないフレッシュな候補として選挙に臨むことができる。さらに，任期を1年以上残して現職者が辞任する場合には，選挙時期を繰り上げるという効果も持つ。すなわち，大統領は知事選挙のタイミングをコントロールすることができる。このように，知事選挙を有利に進める上で，知事代行の任命権は役に立つと考えられる。実際に，公選制再導入後，クレムリンが支持するすべての新人候補は知事代行として選挙に臨んでいる。

3　知事の解任

　大統領による知事解任の方法は，以下の2つに分類できる。ひとつは，大統領の「信頼を喪失」したという理由で解任される場合である。これは，強制的な知事の排除であり，本稿ではこれを「ハードな解任」と呼ぶ。もうひとつは，任期満了前の知事が「自発的に」辞任の意思を表明し，それを受けて大統領が解任するという形態がとられる場合である。ここでは，これを「ソフトな解任」と呼ぶ。ソフトな解任は，辞任する知事にとって昇格（閣僚や連邦管区全権代表への登用など）であることもあれば，別の[4]ポストに転出しても事実上の更迭である場合もある。[5]そのため，ソフトな解任がどのような意図でなされているのかは容易に判断できない。その分，大統領にとっては批判を受けづらく，知事のローテーションを促す有効な手段となる。

（1）　ソフトな解任
　公選制再導入後の知事の早期辞任の例を見ると，大統領は基本的にソフ

図1　任期満了前に辞任した知事の数

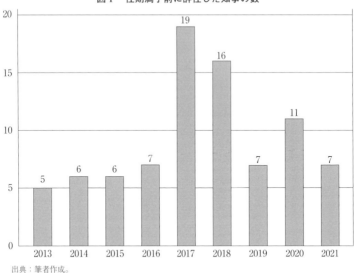

出典：筆者作成。

トな解任の方法を用いている。2013年から2021年11月までに，任期満了前に辞任した知事は87人いるが，そのうち78人は「自発的に辞任」した。それに対し，後述するように，ハードな解任が行われたのは9回だけであり，プーチン大統領はこれまでそのような手段をあまり積極的に用いてはいない。

　時系列で見ると，知事交代の頻度は上昇傾向にある（図1）。任期満了前に辞任した知事は，2013年以降徐々に増加し，2017年と2018年にはそれぞれ19人，16人の知事が解任された。また，9月第二日曜日の統一地方選挙直後に多くの知事が解任されるという解任のタイミングも注目に値する。たとえば，2017年9月末から10月上旬の約3週間には11人の知事が，2018年9月末から10月末までの1カ月には9人の知事が解任された。このように翌年の知事選挙までに十分な時間のあるタイミングで知事を解任し，知事代行を任命するのは，この知事代行の知名度を有権者の間で高め，翌年の知事選挙を有利に迎えることができるためと考えられる（鳥飼　2020：

156-57）。

　2018年のザバイカル地方における知事交代はその典型例であると言える。ザバイカル地方では，同年10月にナタリヤ・ジュダノワ知事が「自発的に」辞任し，その年の6月まで極東発展省第一副大臣を務めていたアレクサンドル・オシポフが知事代行に任命された。ジュダノワ知事は経済状況の悪化などで住民の支持を失っており，その年の統一地方選挙が終わるとすぐに彼女の解任の可能性が報じられた[6]。一方，知事代行に就任したオシポフを住民は高く評価した。2019年4月の調査によれば，住民の66％がオシポフは就任約半年で地域の問題をよく把握していると評価し，59％が今後2～3年で状況が改善していくだろうと期待した[7]。このように，知事代行を務める間にオシポフが住民の間で知名度を上げ，彼に対する期待が高まったことがわかる。そして，翌年行われた知事選挙では，オシポフは89.6％の得票率で当選したのである。

　それでは，どのような基準で知事は解任されるのか。事実上の任命制の時期には，政策遂行能力があり経済状況を改善できる知事よりも，大統領に忠実で集票能力がある知事が再任用されやすい（解任されにくい）とされてきた（Reuter and Robertson 2012）。ただし，2012年8月にプーチン大統領は，「ロシア連邦構成主体の執行権力機関の活動効率の評価について」という大統領令を発し，平均寿命，人口，投資額，地方予算の歳入額，平均収入，失業率，市民による評価など12項目によって地方政府のパフォーマンスを評価することを定めた[8]。つまり，大統領は社会経済的発展の指標を地方知事の評価基準として定めたのである。この大統領令に基づいて，政府の支援のもと4つの民間団体が各地方政府のパフォーマンスを評価している。

　しかし，実際には，これらの評価と知事の留任との間に相関は見られない。たとえば，多くの知事が解任された2017年の例を見てみると，「情報コミュニケーションセンター」が公表した知事評価ランキング（2016年末）では，評価の低い知事（カレリヤ共和国とブリャート共和国の知事は，

表1　任期満了前に辞職した知事（2017年）

地方	知事	退任日	2016年下院選挙「統一ロシア」得票率
アディゲ共和国	トハクシノフ	2017/ 1 /12	59.5%
ペルミ地方	ワサルギン	2017/ 2 / 6	42.7%
ブリャート共和国	ツデノフ	2017/ 2 / 7	43.3%
ノヴゴロド州	ミチン	2017/ 2 /13	40.1%
リャザン州	コヴァリョフ	2017/ 2 /14	54.5%
カレリヤ共和国	フジライネン	2017/ 2 /15	37.3%
ウドムルト共和国	ソロヴィヨフ	2017/ 4 / 4	50.5%
マリ・エル共和国	マルケロフ	2017/ 4 / 6	46.7%
サマラ州	メルクシキン	2017/ 9 /25	50.8%
ニジェゴロド州	シャンツェフ	2017/ 9 /26	58.2%
ネネツ自治管区	コシン	2017/ 9 /28	41.1%
クラスノヤルスク地方	トロコンスキー	2017/ 9 /29	40.5%
ダゲスタン共和国	アブドゥラティポフ	2017/10/ 3	88.9%
沿海地方	ミクルシェフスキー	2017/10/ 4	39.0%
オリョール州	ポトムスキー	2017/10/ 5	47.9%
ノヴォシビルスク州	ゴロデツキー	2017/10/ 6	38.3%
オムスク州	ナザロフ	2017/10/ 9	36.3%
イワノヴォ州	コニコフ	2017/10/10	42.4%
プスコフ州	トゥルチャク	2017/10/12	45.2%
ヴォロネジ州	ゴルデエフ	2017/12/25	59.1%

出典：筆者作成。

それぞれ全85連邦構成主体の84位と85位であった）が解任されている一方で，ヴォロネジ州（9位）やネネツ自治管区（20位）のように，評価の高い地方の知事も解任された[9]。他の団体の評価についても，同様に知事解任との間に相関関係を見出すことはできない（Kotchegura, Demchenko, and Kim 2020）。

　2017年の知事解任にはいくつかのパターンが見出せる。第一に，その年に任期満了をむかえる知事を9月の統一地方選挙を前に辞任させ，知事代行の知名度を上げるための期間を確保するというものである。2017年1月から2月にかけて辞任した知事はすべてその年に改選時期を控えており（表1），知事選挙での着実な勝利のためのローテーションだったと言える。第二に，2018年の大統領選挙を見据えたローテーションである[10]。表1に記した20の地方のうち12で，直近の2016年下院選挙における「統一ロシア」

の比例区得票率は，全連邦構成主体の中央値46.7％を下回っていた。この時期の知事の交代は，動員力に不安のある地方へのテコ入れとしての側面があった。第三には，以下に記すハードな解任とそれに類するパターンである。ウドムルト共和国のアレクサンドル・ソロヴィヨフやマリ・エル共和国のレオニード・マルケロフは，収賄の疑いで逮捕され知事を解任された。また，ウラジーミル・ミクルシェフスキーが辞任した沿海地方では，知事自身の逮捕はなかったものの，副知事など地方政府幹部の逮捕が相次ぎ，大統領府や財界の後ろ盾を失ったミクルシェフスキーは辞任を余儀なくされた[11]。このように，ソフトな解任は主に選挙を見据えたローテーションの意味合いが強いが，中にはハードな解任に類する事例もある。後述のように，その背景には熾烈なエリート間対立があることが指摘されている。

（2）　ハードな解任

　地方知事が収賄などの疑いで逮捕されるハードな解任の増加が近年のロシアでは注目されている。ロシアでは，2008年に就任したメドヴェージェフ大統領の時代から汚職対策が政権の大きな課題となっており（油本2020），2020年には，セルゲイ・フルガル・ハバロフスク地方知事が15年前の殺人および殺人未遂容疑で逮捕された。これに対し住民が反発し，コロナ禍にもかかわらず抗議運動が長期にわたり続いたことは記憶に新しい[12]。連邦政府が推進する反汚職キャンペーンにからめたハードな解任は，連邦中央の強さを他の知事に示す効果がある一方で，その強硬な手法が住民の反発を招くこともある。

　事例の数が少ないために，ハードな解任という方法を用いる政治的動機について，一般的な傾向を明らかにすることはできない。フルガルの例は，自由民主党という野党所属の知事であったため，そしてこの事件が有権者の反発を招いたために注目を集めたが，このような解任が必ずしも野党の抑圧手段として頻繁に利用されているわけではない。表2は，2012年以降に知事が逮捕・解任された事例の一覧である。そもそも野党所属の知事が

表2　逮捕・解任された知事一覧

地方	知事	政党	就任日	解任日	逮捕理由
ノヴォシビルスク州	ワシリー・ユルチェンコ*	UR	2010/ 9 /22	2014/ 3 /17	職権濫用
ブリャンスク州	ニコライ・デニン*	UR	2004/12/28	2014/ 9 / 9	職権濫用。親族所有企業への補償金提供
サハリン州	アレクサンドル・ホロシャヴィン	UR	2007/ 8 / 7	2015/ 3 /25	収賄
コミ共和国	ヴャチェスラフ・ガイゼル	UR	2010/ 1 /15	2015/ 9 /30	犯罪集団の組織
キーロフ州	ニキータ・ベルーフ	URF	2009/ 1 /15	2016/ 7 /28	収賄
ウドムルト共和国	アレクサンドル・ソロヴィエフ	UR	2014/ 2 /19	2017/ 4 / 4	収賄
マリ・エル共和国	レオニード・マルケロフ*	UR	2001/ 6 / 1	2017/ 4 / 6	収賄
ハバロフスク地方	セルゲイ・フルガル	LDPR	2018/ 9 /28	2020/ 7 /20	殺人および殺人未遂
ペンザ州	イワン・ベロゼルツェフ	UR	2015/ 5 /25	2021/ 3 /23	収賄

注：UR：統一ロシア，URF：右派勢力同盟，LDPR：ロシア自由民主党
　　*知事退任後に逮捕
出典：筆者作成。

　ほとんどいないこともあるが，多くの場合は「統一ロシア」所属の知事が収賄などの容疑で逮捕されている。また，知事が逮捕された地方については，政策パフォーマンス，選挙パフォーマンスのどちらとも相関関係は見られない。

　たとえば，2015年にコミ共和国では，ヴャチェスラフ・ガイゼル知事をはじめとして共和国幹部が19人も逮捕され，ガイゼルは知事職を解かれた。しかし，ガイゼルの解任は政策実現能力によっても集票能力によっても説明できない。上記の「情報コミュニケーションセンター」の地方知事評価では，ガイゼルは10位以内に入るほど評価が高く[13]，「統一ロシア」が低迷した2011年下院選挙でも同党は58.8％の票を獲得していた（全連邦構成主体の中央値は43.5％）。その一方で，石油，天然ガス，石炭などに恵まれたコミ共和国の経済には，ルコイル，セヴェルスティールなどの巨大企業が深く関与しており，そうした企業との対立がガイゼル逮捕の背景にある

という見方もある[14]。財政状況が全国的に悪化する中で，地方予算や利権をめぐるエリート間の争いが激化し，その結果として知事が排除されるという点は，ノヴォシビルスク州のワシリー・ユルチェンコ知事の逮捕でも指摘されている（Shayman 2014）。すなわち，ハードな解任は，エリート対立を調停するために大統領がやむなく実施している可能性もある。

　以上をまとめると，「自発的な辞任」に基づくソフトな解任は，地方知事に別のポストを提供しつつ知事のローテーションを促すという意味で，大統領にとって有用な方法であり，実際に頻繁に用いられている。それに対し，知事の逮捕を伴うようなハードな解任は，知事を強制的に排除できる一方で，地方の反発を招く危険性もあり，実際にソフトな解任とは異なる文脈で利用されている。

4　知事選挙の結果（2012-2021）

（1）　知事代行任命の効果

　本節では，知事代行の任命や選挙時期の繰り上げが，知事選挙の結果にどのような影響を及ぼしているかを検討する。現在のロシアにおいて与党候補が選挙で敗れる可能性は小さいものの，そのようなリスクが皆無なわけではない。知事代行の任命や選挙時期の繰り上げといった操作によって，与党候補の勝利はより確実なものになると言えるのか。それとも，メドヴェージェフ大統領時代のように，知事の交替は地方の安定を掘り崩すことになるのだろうか。

　地方知事選挙は，2012年10月に5つの地方で実施されて以来，2021年までにのべ152回実施された。このうち，現職知事が立候補したのは72回あり，そのうち68回で再選を果たした。現職候補が敗北した4回のうち3回の選挙（ハカシヤ共和国，ハバロフスク地方，ウラジーミル州）は2018年に行われたものである[15]。このように2018年に一時的に与党候補が破れる事態が生じたが，全体としては現職候補が圧倒的に有利であるのは間違いな

図2　現職知事候補と知事代行候補の得票率の比較

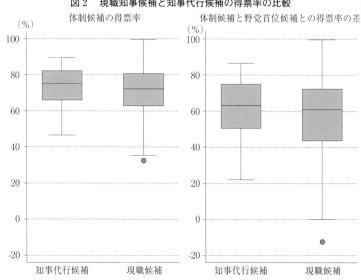

出典：中央選挙委員会（http://www.cikrf.ru/）のデータをもとに筆者作成。

　い。一方，現職知事が立候補しなかった選挙は80回あり，2018年の沿海地方（後述）を除くすべての選挙で知事代行として立候補した候補が当選した。

　選挙でのパフォーマンスに両者の違いはあるだろうか。図2は，左図が現職知事候補と知事代行候補の得票率を比較したものであり，右図がそれぞれの候補と野党首位候補との得票率の差を比較したものである。中央値は知事代行候補の方が前者で2.7%，後者で4.6%高い一方で，ばらつきは現職候補の方が大きいことが図から見てとれる。そのことが示すのは，知事代行候補の方が現職知事より選挙で着実に勝利しているということである。現職知事が立候補した選挙では，投入できる資源が豊富で選挙に圧勝するケースがある一方で，競争的な選挙となる（時には敗北する）ケースもある。それに対し，現職知事が退任したのちに大統領が任命した知事代行は，ほとんどのケース（80回中72回）において60%以上の得票率で勝利

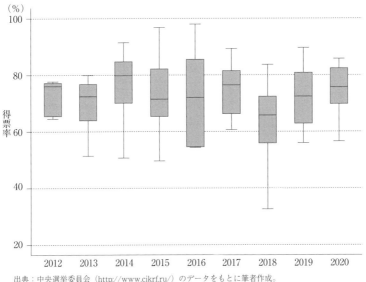

図3　知事選挙における与党候補の得票率

出典：中央選挙委員会（http://www.cikrf.ru/）のデータをもとに筆者作成。

した。また，野党首位候補との得票率の差が30％以下となった選挙は5回しかなく，20％以下となった選挙は一度もなかった。このように，知事代行候補の方が知事選挙で安定的な結果を残しており，知事のローテーションが大統領にとって有用な手段となっていることが分かる。

　次に時系列で知事選挙の結果を見てみよう。図3は，知事選挙における体制側候補の得票率を年ごとに図示したものである。ロシアがクリミアを併合した2014年の知事選挙では，与党候補の得票率の中央値は約80％と非常に高かった。クリミア併合は，ロシア全体で愛国主義を高め，プーチンの支持率を80％以上に引き上げる大きな出来事であった。また，経済制裁や原油安の影響がまだ表面化していない段階であり，ロシアの政治・経済状況について国民の間に楽観的な観測が広がっていた（Новак 2014）。このような状況を受けて，多くの知事は選挙のタイミングを繰り上げた（Sharafutdinova 2016）。2012，13年には繰り上げ選挙は1つもなかったが，2014年にはその数は10に上った。

　一方，与党候補得票率の中央値が最も低くなっているのが2018年である。この年は22の地方で知事選挙が実施されたが，4人の体制側候補が知事選挙で勝利できなかった。その大きな理由は，6月にメドヴェージェフ首相が発表した年金制度改革にある。連邦政府は財政難への対応を余儀なくされ，大統領選挙が終わったタイミングで長年の懸案だった年金制度に手をつけ，年金受給開始年齢を2019年から段階的に引き上げる改革案を提示した。しかし，この案が実現すると，男性は受給開始年齢（60歳）が平均寿命とほぼ同じになるし，極東やシベリア地域では平均寿命はさらに短いため，そもそも年金を受け取れない可能性が高くなる。そのため，各地で抗議デモが起こり，ウクライナ危機後高い水準を維持してきたプーチンの支持率も約20ポイント低下する事態となった。この影響が統一地方選挙にまで及んだのである[16]。

　ここでもやはり，知事代行候補の方が，現職候補よりも良いパフォーマンスを示している。この年は，前年から知事が大量解任された影響もあり，繰り上げ選挙となった地方が15あった。これは2012年から現在までで最多である。現職知事が出馬した7つの地方のうち3つで野党候補が勝利したのに対し，繰り上げ選挙となった地方では，沿海地方を除く14の地方で，大統領に任命された知事代行が勝利した。

（2）　沿海地方

　その唯一の例外となったのが，極東の東南端に位置する沿海地方である。沿海地方では，2017年10月にウラジーミル・ミクルシェフスキー知事が解任され，アンドレイ・タラセンコが知事代行に任命された。タラセンコは，ウラジオストク生まれだが，キャリアのほとんどを沿海地方の外部で経験してきた「アウトサイダー」であり，政治経験もほとんどなかった。そのような彼が任用されたのは，セルゲイ・キリエンコ大統領府第一副長官などとの関係が深かったからだと言われている[17]。

　タラセンコは連邦政府の年金制度改革への支持を表明したために，苦戦

を強いられることになった。彼は1回目の投票で1位になったものの50%
以上の票を得られず，アンドレイ・イシチェンコ（共産党）との決選投票
にもつれこんだ。決選投票では，開票終了直前までイシチェンコ優勢と報
じられていたが，選挙委員会は最終的にタラセンコ勝利を発表した。その
ため，ウラジオストクなどで選挙不正を糾弾する抗議運動が起こり，共産
党も勝利を「盗まれた」として抗議した。中央選挙委員会は，両陣営に深
刻な不正があったと判断して，選挙結果の無効化を勧告し，地方選挙委員
会がその勧告を受け入れて，再選挙が実施されることになった。

　12月の再選挙に向けて，クレムリンは極東での経験が豊富で，プーチン
の信頼も厚いサハリン州知事のオレグ・コジェミャコを知事代行に任命し，
選挙に出馬させた。コジェミャコは，2008年からアムール州知事を務め，
2015年3月にサハリン州知事になった人物である。サハリン州知事に就任
した際も，収賄容疑で逮捕された前知事の後任としてアムール州知事から
鞍替えをした。再選挙の事態を重くみたクレムリンは，今回もこのような
実績を持つコジェミャコを候補に据えることで事態の収拾を図ろうとした。

　コジェミャコは，まず，極東連邦管区の首都をハバロフスクからウラジ
オストクへ移転することを提案し，プーチンはこれを承認した。また，
1945年以前に生まれた住民の住宅・公共料金を半額にする「戦争の子ども
たち」法を制定し，高齢者への保障を厚くすることで，年金問題に対する
批判を回避しようとした。加えて，政府系企業のトップや連邦政府の閣僚
とも次々と会談し，様々な支援を取り付けた（堀内 2019）。このように，
クレムリンとの結びつきを梃子に，コジェミャコは短期間に実績を重ね，
選挙戦を有利に展開した。

　一方，イシチェンコは共産党の推薦を受けられず，無所属候補としての
出馬も手続き上の不備で認められなかったため，再選挙には出馬できな
かった。共産党がイシチェンコを擁立しなかった公式の説明は，決選投票
で勝利したはずのイシチェンコが知事に就任すべきであり，再選挙の決定
を容認できないからというものだった。ただし，共産党とクレムリンの間

で彼の不出馬に関する合意があったとも報道されており[18]，クレムリンがコジェミャコ勝利のために介入した可能性が高い。こうして，有力な対抗馬がいない状態で，コジェミャコは61.9％の得票率で当選した。

沿海地方の例は，ソフトな解任後に任命された知事代行が選挙で敗北した唯一の例である。タラセンコは，大統領府や連邦政府との個人的結びつきが強く，年金制度改革に支持を表明したという意味で，大統領に忠実な人物であった。しかし，そのことが結果的には有権者への応答性を弱め，選挙での苦戦を強いられる結果となった。

5　エリートへの統制強化と体制不安定化の可能性

ロシアの権威主義体制の安定性を考察する上で，大統領が地方知事をいかに統制しているかを検討することが不可欠である。2000年のプーチン政権誕生以来，「統一ロシア」の強化や財政移転などを通じて地方知事との関係の安定化が図られてきた。しかし，2010年代に入り，連邦政府の財政難や「統一ロシア」の影響力低下により，この安定の条件は掘り崩された。本稿では，2012年に知事公選制が再導入されて以降，大統領がいかなる手段を用いてこの状況に対応し，それがどのような政治的帰結をもたらしたのかを検討してきた。

先行研究では，野党や反体制派への抑圧，具体的にはその立候補を制限する制度に注目し，知事選挙の競争条件が与党候補に有利に歪められていることが指摘されてきた。それに対し，本稿は，大統領が知事の解任と知事代行の任命という2つの手段を用いて，知事の人選をコントロールし続けていることが地方の統制において重要であると論じた。このような手段の存在自体は一部の先行研究でも指摘されていたが，それが具体的にどの程度の効果をもたらしているかはこれまで検証されてこなかった。

知事解任については，知事の「自発的辞任」というソフトな解任が基本的にとられており，かつそれは特に選挙の動員力確保のために積極的に利

用されていることが明らかになった。それに対し，知事の逮捕を伴うような
ハードな解任は，大統領にとって好ましくない知事を強制的に排除できる一方で，地方の反発を招く危険性もあり，大統領にとって積極的に活用できる手段ではない。実際に，ハバロフスク地方の事例が示すように，人気の高い知事を強制的に排除することは有権者の反発を招いている。どのような場合にハードな解任が行われるのかという点は，今後さらに検討すべき課題である。

知事代行の任命については，知事代行は現職知事よりも安定した選挙戦を展開する傾向にあることが明らかになった。このことを敷衍すれば，強い知事を温存するよりも，知事のローテーションを積極的に促すことが大統領にとって利益になると言える。近年の「アウトサイダー知事」の増加は，そのような傾向が強まっていることを裏付けている[19]。ただし，2018年の沿海地方知事選挙の例が示すように，大統領に忠実な知事代行を送り込むことは，その地方のエリートへの監督を強化できる一方で，地方の利益が省みられないことに対し有権者が不満を募らせる危険性も孕むことになる。つまり，中央の利益を重視しすぎることによって，中央・地方関係はむしろ不安定化する恐れがある。

このことは次のような含意を持つ。権威主義体制の安定には，エリートの裏切りと大衆蜂起という2つの脅威に対処する必要がある。現在のロシアでは，前者の脅威に対処するために，プーチン大統領による地方エリートへの統制が強化されている一方で，そのことが有権者の離反という形で逆に体制の不安定化をもたらす危険性もはらんでいる。このことが示唆するのは，エリートへの統制と大衆からの支持獲得がトレード・オフの関係にあるということである。近年増加している「アウトサイダー知事」のうち，どのような人物がこのトレード・オフを克服できるのか。「アウトサイダー知事」の詳細な比較分析は始まったばかりであり[20]，クレムリンによる知事任用のパターンとその成否をより包括的に検討することが今後の研究課題である。

付記：本研究は，科研費17K13681, 21K01306の成果の一部である。

注

1）　本稿において「中央・地方関係」という場合には，連邦政府と連邦構成主体（地方）政府の関係を指し，連邦構成主体より下位の行政区分である地方自治体はこれに含まない。また，本稿では便宜上中央・地方関係を大統領と地方知事の関係と単純化して考える。

2）　2004年9月に北オセチア共和国ベスランで起きた学校占拠テロ事件をきっかけに，プーチンは中央権力を一層強化する必要があると主張し，知事公選制を廃止して「事実上の任命制」と呼ばれる制度を導入した。導入以降，知事の選出方法は幾度か改正されたが，最終的には地方議会の第一党が知事候補を3名選び，その中から大統領が選んだ候補を地方議会が承認するという方式になった。地方議会では「統一ロシア」が第一党を占めたので，実質的にはクレムリンの意向が「統一ロシア」を介して知事候補の選抜に反映するようになった（溝口 2016）。

3）　本稿において，体制側候補とは，与党「統一ロシア」に所属している候補，または「統一ロシア」に所属していないが，大統領に知事代行に任命されたのちに知事選挙に立候補した候補を指す。

4）　たとえば，2015年からアムール州知事を務めたアレクサンドル・コズロフは2018年に極東・北極発展相に，2020年には天然資源・環境相に就任した。

5）　知事退任後に連邦議会上院議員に転出するケースは多いが，それは「名誉職」としての意味合いが強い。

6）　«Губернатору Забайкальского края начали искать замену» РБК. （https://www.rbc.ru/politics/01/10/2018/5badf0bb9a794745d3e1b636?from=main）2021年12月20日最終アクセス。以下のURLもすべて同じ。

7）　«Забайкальский край: как жители оценивают работу врио губернатора» ВЦИОМ.（https://wciom.ru/analytical-reviews/analiticheskii-obzor/zabajkalskij-kraj-kak-zhi teli-oczenivayut-rabotu-vrio-gubernatora）

8）　Указ Президента РФ от 21.08.2012 N 1199 «Об оценке эффективности деятельности органов исполнительной власти субъектов Российской Федерации».（http://www.consultant.ru/document/cons_doc_LAW_134290/）　なお，この大統領令は改正されて評価項目は拡充されている。

9）　«Национальный Рейтинг Губернаторов (Итоги 2016 года)» 27 декабря 2016 г.（http://russia-rating.ru/info/11134.html）

10）「Старые обязанности могут получить новых исполняющих」Коммерсантъ. 25 сентября 2017 г. （https://www.kommersant.ru/doc/3420941）

11）「Путин освободил от должности губернатора Приморского края」Ведомости. 4 октября 2017 г. （https://www.vedomosti.ru/politics/articles/2017/10/04/736603-putin-osvobodil）

12）フルガルは，2018年の選挙において現職のヴァチェスラフ・シュポルトに決選投票で圧勝し，知事に就任した。その後彼の所属する自由民主党は議会選挙でも勝利し，ハバロフスク地方では同党が「権力党」の地位を占めている。

13）「Национальный Рейтинг Губернаторов（декабрь 2014 года）」15 января 2015 г. （http://russia-rating.ru/info/4385.html）

14）「Гайзергейт. Как власть и экспертное сообщество отреагировали на арест главы Коми」Коммерсантъ. 20 сентября 2015 г. （https://www.kommersant.ru/doc/2814839）

15）残りの1回は2015年のイルクーツク州である。

16）メドヴェージェフ自身も，年金受給年齢の引き上げが「この10年間で最も困難な決定だった」と述べ，年金改革が統一地方選挙の結果に影響を与えたことを認めた。Интерфакс, 6 декабря 2018 года （https://www.interfax.ru/russia/641062）.

17）「Приморье разбудили отставкой губернатора」Коммерсантъ. 5 октября 2017 г. （https://www.kommersant.ru/doc/3429331）

18）「Приморье выиграли с третьего раза」Газета. ru, 16 декабря 2018 года （https://www.gazeta.ru/politics/2018/12/16_a_12097045.shtml）；「«Ловушка сработала». Двойные подписи мешают Ищенко стать кандидатом в губернаторы」*Daily Storm*, 20 November 2018 （https://dailystorm. ru/vlast/lovushka-srabotala-pomeshat-ishchenko-proyti-registraciyu-mogut-dvoynye-podpisi）.

19）知事代行に任命される「アウトサイダー」がどのような経歴を持つか，その地方との結びつきはどの程度かといった点についての研究はほとんどなく（たとえばKynev 2020），その点は今後の課題である。

20）たとえば，Kynev（2020）は，アウトサイダー知事をpure outsiders, returnees, adapted outsiders, naturalised outsiders の4つに分類して，分析を試みている。

引用文献

油本真理（2020）「腐敗防止の国際規範とロシア――公職者の資産公開制度を事例として」『国際政治』199号，33-48頁。

鳥飼将雅（2020）「アウトサイダーの増加とそのペナルティ――ロシアの知事人事の変化とその選挙動員への影響，1991-2019年」『ロシア・東欧研究』第49号，144-166頁。

フランツ，エリカ（2021）『権威主義――独裁政治の歴史と変貌』（上谷直克，今井宏平，中井遼訳）白水社。

堀内賢志（2019）「2018年ハバロフスク地方・沿海地方知事選挙について」平成30年度外務省外交・安全保障調査研究事業『ポスト・プーチンのロシアの展望』27-40頁。

溝口修平（2016）「ロシアにおける連邦制の変容とその効果」松尾秀哉，近藤康史，溝口修平，柳原克行編『連邦制の逆説？――効果的な統治制度か』ナカニシヤ出版，174-190頁。

Blakkisrud, Helge（2011）"Medvedev's New Governors." *Europe-Asia Studies* 63(3) : 367-95.

―――(2015)"Governing the Governors : Legitimacy Vs. Control in the Reform of the Russian Regional Executive," *East European Politics* 31(1) : 104-121.

Frye, T., O. J. Reuter, and D. Szakonyi（2014）"Political Machines at Work Voter Mobilization and Electoral Subversion in the Workplace," *World Politics* 66(2) : 195-228.

―――(2018)"Hitting Them with Carrots : Voter Intimidation and Vote Buying in Russia," *British Journal of Political Science* : 1-25.

―――(2019)"Vote Brokers, Clientelist Appeals, and Voter Turnout : Evidence from Russia and Venezuela," *World Politics* 71(04) : 710-765.

Golosov, G. V., and T. Tkacheva（2018）"Let My People Run," *Problems of Post-Communism* 65(4) : 243-252.

Goode, J. Paul（2010）"The Fall and Rise of Regionalism?" *Journal of Communist Studies and Transition Politics* 26(2) : 233-256.

―――(2013)"The Revival of Russia's Gubernatorial Elections : Liberalization or Potemkin Reform?" *Russian Analytical Digest* (139) : 9-11.

Hale, Henry E.（2015）*Patronal Politics : Eurasian Regime Dynamics in Comparative Perspective*, New York : Cambridge University Press.

Konitzer, A. and S. K. Wegren（2006）"Federalism and Political Recentralization in the Russian Federation : United Russia as the Party of Power," *Publius* 36(4) : 503-522.

Kotchegura, A., A. Demchenko, and P. S. Kim（2020）"Performance Evaluation of

Regional Governors : The Case of the Russian Federation," *International Journal of Public Administration* 43(6) : 477-485.

Kynev, Alexander (2020) "The Membership of Governors' Teams in Russia's Regions, and the Key Features of the Formation of Regional Administrations 1991-2018," *Russian Politics* 5(2) : 154-189.

Reuter, Ora John (2010) "The Politics of Dominant Party Formation : United Russia and Russia's Governors," *Europe-Asia Studies* 62(2) : 293-327.

──── (2013) "Regional Patrons and Hegemonic Party Electoral Performance in Russia," *Post-Soviet Affairs* 29(2) : 101-135.

Reuter, O. J. and G. B. Robertson (2012) "Subnational Appointments in Authoritarian Regimes : Evidence from Russian Gubernatorial Appointments," *The Journal of Politics* 74(4) : 1023-1037.

Reuter, O. J. and D. Szakonyi (2019) "Elite Defection under Autocracy : Evidence from Russia," *American Political Science Review* 113(2) : 552-568.

Petrov, N. and E. Nazrullaeva (2018) "Regional Elites and Moscow," in D. Treisman ed. *The New Autocracy : Information, Politics, and Policy in Putin's Russia* : 109-135. Washington D.C. : Brookings Institution Press.

Sharafutdinova, Gulnaz (2016) "Regional Governors Navigating through Putin's Third Term : On the Wave of Patriotism through the Troubled Waters of the Economy," *Russian Politics* 1(4) : 372-397.

Shayman, Vladislav (2014) "Novosibirsk Race Seen as Win for Opposition." *The Moscow Times.* (https://www.themoscowtimes.com/2014/04/07/novosibirsk-race-seen-as-win-for-opposition-a33728)

Smyth, R. and R. Turovsky (2018) "Legitimising Victories : Electoral Authoritarian Control in Russia's Gubernatorial Elections," *Europe-Asia Studies* 70 (2) : 182-201.

Svolik, Milan W. (2012) *The Politics of Authoritarian Rule,* Cambridge : Cambridge University Press.

Szakonyi, David (2022) "Candidate Filtering : The Strategic Use of Electoral Manipulations in Russia," *British Journal of Political Science* : 52 (2) : 649-670.

Turchenko, Mikhail (2020) "Electoral Engineering in the Russian Regions (2003-2017)," *Europe-Asia Studies* 72(1) : 80-98.

Turovsky, R. and Y. Gaivoronsky (2017) "Russia's Regions as Winners and Losers :

Political Motives and Outcomes in the Distribution of Federal Government Transfers," *European Politics and Society* 18(4) : 529-551.

Новак, Анастасия（2014）«Экспертиза : россияне на подъеме-2» полит.ру. 19 августа 2014.（https://polit.ru/article/2014/08/19/rise1/）

（みぞぐち・しゅうへい：法政大学）

日本比較政治学会設立趣意書

　21世紀まで残すところ３年足らずとなった今日，国際関係は言うに及ばず，各国の内政もまた世界化の大きなうねりに巻き込まれている。日本もその例外ではなく，世界各国との経済・文化・社会のレベルでの交流が一段と深まるにつれて，その内政の動向に対する社会的な関心も高まっている。学術的にも世界のさまざまな地域や諸国の政治および外交の歴史や現状を専攻する研究者の数が順調に増加しており，そうした研究者の研究成果を社会的要請に応えて活用する必要が感じられるようになっている。

　とりわけ冷戦後の世界では，NIESや発展途上国の民主化，旧社会主義諸国の民主化および市場経済化，先進諸国の行財政改革などといった政治経済体制の根幹に関わる争点が，重大な課題として浮上してきている。これらの課題への取り組みには，単に実務的な観点から対処するだけでは十分でない。現在の諸問題の歴史的背景を解明し，それを踏まえて学術的な観点から課題の設定の仕方に立ち返って問題点を理論的に整理し，効果的な政策や制度を構想していくことも必要である。そのためには各国別の研究にとどまらず，その成果を踏まえて理論的に各国の政治や外交を比較・検討し，研究上の新たな飛躍を生み出すことが肝要である。

　このような目的のために，本学会は世界各国の政治や外交を専攻する内外の研究者を集め，相互の交流と協力を促進するとともに，研究上も独自な成果を公表し，国際的にも発信することを目指している。と同時に社会的にも開かれた学会として，各国政府関係者，ジャーナリスト，民間機関・NGO等各種実務家との交流も，振興することを目的にしている。本学会の学術活動に貢献していただける方々の，協力をさらに期待するところである。

　1998年６月27日

入会のお誘い

　日本比較政治学会は，前ページの設立趣意書にもあるように，「世界各国の政治や外交を専攻する内外の研究者を集め，相互の交流と協力を促進するとともに，研究上も独自な成果を公表し，国際的にも発信すること」を目的として1998年6月に設立された，日本で唯一の「比較政治学」を軸とした学会です。

　学会の主たる活動は，年次研究大会の実施と日本比較政治学会年報の発行です。年次研究大会では様々な地域，あるいは分野に関する先端的な研究報告が行われています。またこの年次大会における共通論題を軸として発行される学会年報では，従来取り上げられていない新しいテーマや，従来の議論を新しい視点から見直すようなテーマが取り上げられています。これ以外の学会の活動としては，オンラインジャーナル『比較政治研究』と『MINERVA 比較政治学叢書』の刊行，年2回のニューズレターの発行，ホームページやメーリングリストを通した研究活動についての情報提供や情報交換などを行っています。

　学会は，比較政治学に関心を持ち，広く政治学や地域研究を専攻する方，および政治学や地域研究の研究・教育に密接に関連する職業に従事する方の入会をお待ちしています（ただし大学院生の方につきましては，修士課程もしくは博士前期課程を修了した方に限ります）。入会の手続および年会費などに関しましては，学会ホームページ（http://www.jacpnet.org/）の中にある「入会案内」の項をご参照ください。

　ご不明の点は下記の事務委託先までお問い合わせください。

　　　　　　　　［学会の事務委託先］
　　　　　　　　〒602-8048　京都市上京区下立売通小川東入ル
　　　　　　　　中西印刷株式会社 学会部 日本比較政治学会事務支局
　　　　　　　　TEL：075-415-3661　FAX：075-415-3662
　　　　　　　　E-mail：jacp@nacos.com

日本比較政治学会

[Japan Association for Comparative Politics]

本学会は,「ひろく政治学や地域研究を専攻する」メンバーによって,「比較政治の研究を促進し,内外の研究者相互の交流を図ることを目的」として,1998年6月に設立された。

[学会事務局連絡先]

〒108-8345　東京都港区三田2丁目15-45

慶應義塾大学法学部・粕谷祐子研究室

日本比較政治学会事務局　jacp@jacpnet.org

学会ホームページ http://www.jacpnet.org/

執筆者 (執筆順)

馬場香織（ばば・かおり）北海道大学大学院法学研究科准教授

東島雅昌（ひがしじま・まさあき）東北大学大学院情報科学研究科准教授

鷲田任邦（わしだ・ひでくに）東洋大学法学部法律学科准教授

建林正彦（たてばやし・まさひこ）京都大学大学院法学研究科教授

増原綾子（ますはら・あやこ）亜細亜大学国際関係学部多文化コミュニケーション学科教授

今野　元（こんの・はじめ）愛知県立大学外国語学部教授

佐藤　章（さとう・あきら）アジア経済研究所地域研究センター主任研究員

渡邊　駿（わたなべ・しゅん）日本エネルギー経済研究所中東研究センター研究員

溝口修平（みぞぐち・しゅうへい）法政大学法学部国際政治学科教授

日本比較政治学会年報第24号

クライエンテリズムをめぐる比較政治学

2022年10月30日　初版第1刷発行　　　　　　　　　〈検印省略〉

定価はカバーに
表示しています

編　　者　　日本比較政治学会

発 行 者　　杉　田　啓　三

印 刷 者　　藤　森　英　夫

発行所　株式会社　ミネルヴァ書房
607-8494　京都市山科区日ノ岡堤谷町1
電話代表　(075)581-5191
振替口座　01020-0-8076

亜細亜印刷・藤沢製本

ISBN978-4-623-09469-1

Printed in Japan

日本比較政治学会編　日本比較政治学会年報

各巻Ａ５判・美装カバー・208〜286頁・本体3000円

⑪国際移動の比較政治学

⑫都市と政治的イノベーション

⑬ジェンダーと比較政治学

⑭現代民主主義の再検討

⑮事例比較からみる福祉政治

⑯体制転換／非転換の比較政治

⑰政党政治とデモクラシーの現在

⑱執政制度の比較政治学

⑲競争的権威主義の安定性と不安定性

⑳分断社会の比較政治学

㉑アイデンティティと政党政治

㉒民主主義の脆弱性と権威主義の強靭性

㉓インフォーマルな政治制度とガバナンス

━━━━━━━━━ ミネルヴァ書房 ━━━━

https://www.minervashobo.co.jp/